北大创新评论

智造创新引领

北大创新评论产业研究案例库（2023）

北大创新评论学术委员会◎组编
张越 谢艳 朱垒磊◎编著

中国广播影视出版社

图书在版编目（CIP）数据

智造创新引领：北大创新评论产业研究案例库：2023 / 北大创新评论学术委员会组编；张越，谢艳，朱垒磊编著. -- 北京：中国广播影视出版社，2023.12
ISBN 978-7-5043-9163-6

Ⅰ. ①智… Ⅱ. ①北… ②张… ③谢… ④朱… Ⅲ. ①企业创新—案例—汇编—中国—2023 Ⅳ. ①F279.23

中国国家版本馆CIP数据核字(2023)第234987号

智造创新引领：北大创新评论产业研究案例库（2023）
北大创新评论学术委员会　组编
张　越　谢　艳　朱垒磊　编著

策　　划　颉腾文化
责任编辑　王　波　孙政昊
责任校对　张　哲

出版发行　中国广播影视出版社
电　　话　010-86093580　010-86093583
社　　址　北京市西城区真武庙二条 9 号
邮　　编　100045
网　　址　www.crtp.com.cn
电子信箱　crtp8@sina.com

经　　销　全国各地新华书店
印　　刷　涿州市京南印刷厂

开　　本　787 毫米 × 1092 毫米　16 开
字　　数　226（千）字
印　　张　12.75
版　　次　2023 年 12 月第 1 版　2023 年 12 月第 1 次印刷

书　　号　ISBN 978-7-5043-9163-6
定　　价　99.00 元

编委会主任、副主任简介

张越，经济学博士。北京大学经济学院副研究员，北京大学外国经济学说研究中心副主任、研究员。研究领域为中国经济思想史、管理思想等。出版《民国时期生态环境思想研究》《北大创新评论产业研究案例库（2019—2020）》《北大创新评论产业研究案例库（2021）》《北大创新评论产业研究案例库（2022）》《重塑欧洲经济》等多部著（译）作。

谢艳，北大创新评论执行主编，《投资的维度》作者。《北大创新评论产业研究案例库（2019—2020）》《北大创新评论产业研究案例库（2021）》《北大创新评论产业研究案例库（2022）》编委会成员。

朱垒磊，北京大学经济学院校外导师，产业智能化转型专家。《北大创新评论产业研究案例库（2019—2020）》《北大创新评论产业研究案例库（2021）》《北大创新评论产业研究案例库（2022）》编委会成员。

编者语

创新策源始于智能科技的协同发展。

从创新，到未来，我们在持续地发现“创新源动力”。思变革，创新声，我们不断深入创新腹地。2023 年春季，最新一期《北大创新评论产业研究案例库（2023）》（以下简称《案例库》）在北大创新评论学术委员会的指导下，再次启动征选、调研、汇编工作，作为北大创新评论产业研究的核心基础，旨在发掘标杆型创新代表企业与示范单位，推动创新成果的发表与传播。

本次《案例库》共收到来自产业集团、产研智库、科创企业等推荐函、自荐函近千件，同时亦收到既往入选案例创新升级成果的踊跃投稿，获得创新同仁的广泛支持与肯定。经过北大创新评论学术委员会、《案例库》编委会及各行业组专家分组审议，遵循北大创新评论产业创新评价体系，在“分享前沿学知、创新产业变革”的主旨要求下，对最终入选案例给予点评并汇编成册。

我们将迎来创新价值的顺行推动，企业、区域经济体等主要社会组织将按照革新的产业科学体系及市场原则进行价值实现，敏捷、智慧、安全的智能组织形态是我们生产、生活的必备要素。在本次《案例库》中，我们聚焦产业发展核心趋势，深度探讨创新动因与价值拐点，注重底层创新与协同创新，从智能科技与金融市场、产业互联、创新管理、交通运输、储能动力等方向融合发展领域征选创新代表，研讨创新价值在产业、市场、社会层面的具象体现。

本次《案例库》原始素材、图片及企业调研数据均由入选案例提供，经编委会整理、提炼、审定并点评，形成可供产学研各界参考、学习、讨论的标准文本，入选案例从促进产学研交流、共建创新生态的角度出发，均已许可案例内容的公开发表及学术引用。

产业核心发挥产业权威力，产业中坚聚焦产业影响力，产业新秀寻求产业关注力。北大创新评论将持续深入结合产业周期及产业参与者所处战略位置，输出产业创新能量，帮助关键人把握创新及交叉领域的行业机会，并共同培育更具战略高度、综合能力、市场韧性的“创新者”。在此也向对《案例库》各项工作给予帮助的专家、学者及业界同仁表示衷心感谢。

北大创新评论 · 案例库编委会

2023 年 5 月

推荐序

数字技术创新和数字经济发展

邓小铁 北京大学前沿计算研究中心讲席教授

2023年，我国经济保持了稳中向好的发展态势，有效应对了自然灾害、国际环境等多重挑战，实现了经济社会发展预期目标。但是，我们也要清醒地看到，我国经济仍然面临一些不稳定、不确定因素，如产业结构不合理、创新能力不足、区域发展不平衡等。如何保持经济增长并推动经济转型升级成为当前的重要课题。在这样的背景下，我国政府和产业界将目光聚焦到数字技术创新和数字经济发展领域，一批国家级扶持政策相继出台，应用层面的科技创新如火如荼，推动我国数字技术创新和数字经济发展全面进入快车道。

所谓“数字技术创新”，是指利用信息技术、人工智能、大数据、区块链等技术提供新的产品、服务、模式和解决方案；而“数字经济发展”，是指以数字化信息和网络技术为基础，以数据为关键要素，以创新为主要动力，以提高效率和质量为主要目标，以满足人民日益增长的美好生活需要为根本导向的经济形态。数字技术创新与数字经济发展是相辅相成的两个方面，前者为后者提供了技术支撑和驱动力，后者为前者提供了应用场景和市场需求。“十四五”规划纲要[1]和《“十四五”数字经济发

[1] 新华社：《中华人民共和国国民经济和社会发展第十四个五年规划和2035年远景目标纲要》，2021年3月12日。

展规划》[1]均提出，要加快实施“上云用数赋智”行动，其中“上云”的重点是加快云计算基础设施建设，“用数”的重点是更深层次推进大数据融合应用，“赋智”的重点是支持企业智能化改造。这三个方面相互促进，共同推动数字技术创新与数字经济发展。

在数字技术创新与数字经济发展的过程中，计算经济学作为一门交叉学科，对于理解和解决新兴的经济问题和产业需求具有重要的价值和意义。计算经济学是指运用计算机科学和人工智能技术来分析、求解和设计经济问题的学科。计算经济学不仅可以利用计算机模拟和验证传统的经济理论和模型，也可以创造新的理论和模型来适应复杂多变的现实情境。计算经济学既可以从微观层面研究个体行为和决策，也可以从宏观层面研究市场机制和社会福利。计算经济学在数字生态治理、数字社会建设、数据安全与个人隐私、数字文明与网络文化等领域都有广泛的应用和发展。

随着市场对创新理论和应用领域的关注日益增长，《案例库》关于“创新产业变革”的探讨恰逢其时。本书案例涉及金融科技、能源科技、智能制造、数字化管理等领域，既涵盖关系国计民生的生产行业，也包括与群众日常生活密切联系的消费行业。案例能够将新技术和新模式很好地融合，满足了市场的迫切需求，介绍了市场主体和管理者如何通过以数字技术创新为代表的创新体系融入经营、管理、市场，以实现提质增效，为企业创造更多的经济和社会价值，是政策制定者、企业经营者和创业人员可以参考的优秀资料。相信未来随着《案例库》的不断发展和完善，本书一定能够成为了解我国数智化发展水平和前沿趋势的重要参考。

[1] 新华社：《“十四五”数字经济发展规划》，2022年1月12日。

第一章

人工智能驱动下的金融科技

在建设数字中国，加强发展数字经济，促进数字经济和实体经济深度融合，打造具有国际竞争力的数字产业集群的背景下，智能化时代同步到来。

数字经济对金融体系创新提出了更高要求，人工智能技术为金融科技提供了新的发展契机，金融科技将赋能金融机构的数字化转型和升级。未来金融业务的增加，更多将来自数字技术和科技的赋能。同时，人工智能大数据分析技术也可以提升金融机构的经营能力和资金运用效率，以降低金融风险。

“十四五”规划纲要[1]提出：稳妥发展金融科技，加快金融机构数字化转型。2022年1月，银保监会发布《关于银行业保险业数字化转型的指导意见》[2]，要求“深化金融供给侧结构性改革，以数字化转型推动银行业和保险业高质量发展，构建适应现代经济发展的数字金融新格局，不断提高金融服务实体经济的能力和水平，有效防范金融风险。”

“回顾我国金融体系的技术升级，实际上是信息化—数字化—智能化的过程。最初主要向发达国家的金融机构学习信息化管理水平。数字化时代，我们进入世界第一梯队，甚至在某些领域处于全球领先地位。未来，中国的金融科技能否引领全世界发展，重点在于如何把握智能化的趋势。人工智能技术将引领我国金融科技从应用创新驱动阶段步入技术创新驱动阶段，从而提升国际竞争力。”[3]

---

[1] 新华社，《中华人民共和国国民经济和社会发展第十四个五年规划和2035年远景目标纲要》，2021年3月12日。

[2] 中国银保监会：《关于银行业保险业数字化转型的指导意见》，2022年1月26日。

[3] 创新观点导读：北大创新评论《数智化时代的中国金融科技发展趋势》。

邮储大脑：全行级知识图谱系统赋能多元应用场景

摘要：“邮储大脑”是中国邮政储蓄银行“十四五”IT 规划期间重要的人工智能平台建设成果，其定位是为全行提供人工智能能力输出，推动行内智能金融建设工作以及新技术赋能业务发展。知识图谱系统作为邮储大脑“三大平台”之一，承接了知识图谱分支的技术能力规划，为各业务条线提供从数据到应用的企业级知识图谱服务，实现跨领域业务图谱的集中管理和知识复用，支撑中国邮政储蓄银行数字化转型。

关键词：全行级　知识图谱　智能风控

1. 背景说明

1.1 政策背景

2022 年，依据《中华人民共和国国民经济和社会发展第十四个五年规划和 2035 年远景目标纲要》[1]，中国人民银行印发了《金融科技发展规划（2022—2025 年）》（以下简称《规划》）。《规划》指出，要健全安全高效的金融科技创新体系，搭建业务、技术、数据融合联动的一体化运营中台，建立智能化风控机制，全面激活数字化经营新动能。同时，《“十四五”数字经济发展规划》[2] 明确“坚持创新引领、融合发展，应用牵引、数据赋能”，鼓励发展科技金融，要求加快推动数字化转型和数字产业化。

1.2 行业现状及痛点

知识图谱作为一种较为新兴的人工智能技术，用“点”和“边”构成的图展现和

[1] 新华社：《中华人民共和国国民经济和社会发展第十四个五年规划和 2035 年远景目标纲要》，2021 年 3 月 12 日。

[2] 新华社：《“十四五”数字经济发展规划》，2022 年 1 月 12 日。

处理现实世界中的各种实体关系，打破了关系型数据库在关联查询上的局限性，使深度关系挖掘成为可能。对于金融业，构建信贷零售、资金流向、运营管理等场景图谱能够有效提高数据分析效率，成为银行提升内控合规、风险管控等领域智能化程度的有力武器。

在推进邮储银行人工智能领域技术应用，特别是知识图谱、图计算这类技术的过程中，邮储的人工智能团队也识别了相应的痛点问题：一是新兴技术应用门槛高，算力构成复杂、算法繁杂多样、人员难以培养、技术栈繁杂、技术管理困难等；二是作为一家大型银行，邮储银行的数据体量大、业务种类多，数据资源难以快速整合，各业务领域下数据口径复杂，整合时容易出现知识图谱领域特有的如实体指代混淆、关系定义零散多义等问题；三是场景难以规模化开展，常规图谱应用，各个业务场景应用往往基于不同的平台、架构进行开发部署，存在重复建设的同时也不利于优秀实践经验的沉淀和复用。

2. 创新描述

为了实现全行范围的技术共享、资源共享，邮储银行规划并搭建了全行统一的企业级知识图谱系统。知识图谱系统背靠行内多个数据系统，以充足的数据源支持全行范围内技术、业务、数据建模等人员自主完成领域专用或全行通用的图谱构建，并且从系统维度进行统一管理，形成各业务子图在系统上从构建到维护的统一流程模式。

2.1 多维度、多角度、多层次的知识服务

2.1.1 多维度数据接入及处理

知识图谱系统设计了图库、指标、标签、群组等不同的数据结构与类型，并结合JanusGraph、Redis、ElasticSearch等多种存储技术优势，综合提升对图场景业务支撑的效果。系统与行内数据源系统高效承接，充分利用全行级数据资产；以插件化、配置化的方式完成图谱构建过程中的数据对接、清洗、转换与抽取，用户可通过拖拽实现数据到知识图谱的转换，简单高效。

2.1.2 多层次知识计算体系

知识图谱系统设计了丰富的知识计算指标体系，提供全面的群组挖掘、指标分析、知识推理服务，内置Dijkstra、K跳、PageRank、Louvain等近20个算法，采用高性能

图计算框架，提供高并发、毫秒级、多跳的实时查询能力。

2.1.3 多角度知识应用形式

知识图谱系统根据业务实际情况，针对特定场景，设计了紧密贴合业务需要的知识组织与图谱应用形式，包括全图和子图可视化、关系查询、快照生成、Gremlin 语言查询图库数据等。为支撑风险管理条线，提供核查中心功能，作为面向业务人员的分析调查工具，提供针对风险群组和异常关联的图像分析、打标、加入名单、核查报告等辅助功能；同时具备预警中心功能，支持基于属性、指标、群组挖掘结果配置预警规则，并自动定期生成预警结果，提升管控效率。

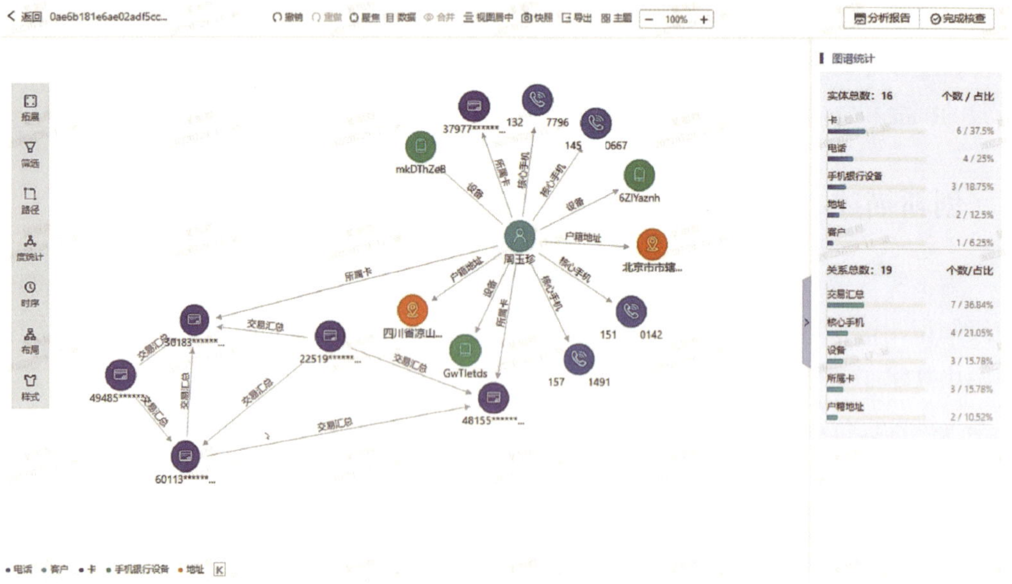

图 1　知识图谱可视化展示

2.2 高可靠、高可控的运行环境

系统具备全流程审计与服务监控统计功能。实现图谱构建、图谱管理、图谱应用的全过程留痕，保证全部流程公开透明、有迹可循，并支持对服务的健康度进行监控。

同时，系统实现实验与服务两套环境的独立部署，具备独立的用户权限，并根据不同的应用场景需要，设计了不同的数据范围与功能，确保知识服务安全有效。

此外，系统提供图谱备份及无感知切换功能，充分保障业务连续性。每个线上运行图谱都会配备一个 T-1 日数据图谱作为备份使用，可与线上图谱无缝切换，保证了对外服务的稳定性。

2.3 可复制、可推广的场景方案

建设好的业务图谱具有可复制性、可推广性，利用系统独创的图谱场景方案功能，可将特定场景下的图谱构建、挖掘及应用配置抽象成方案，进行统一管理和复用。如反欺诈电子渠道风险管理图谱可复用于信贷审批、反洗钱等其他领域，降低建设成本，快速实现新场景的应用落地。

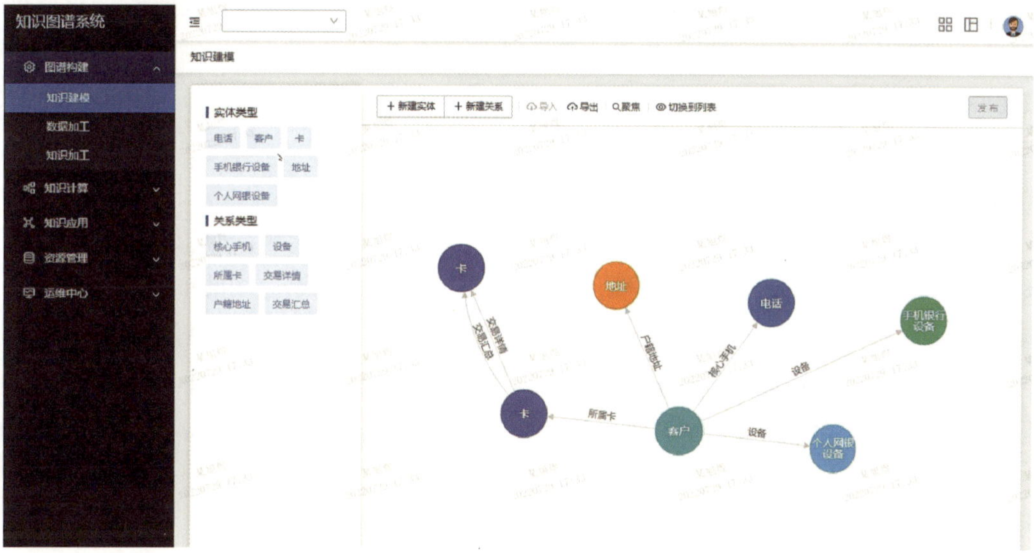

图 2　知识图谱知识建模

3. 项目运作节奏

立足于“一个系统，一张大图”的规划理念，邮储大脑知识图谱系统采用了“事先规划，知识互补，融合复用”的建设路径，项目建设主要分为三个阶段：

3.1 搭建全行级知识图谱系统

通过与高新技术企业多次交流，对同业相关实践案例进行全面调研，结合行内图谱技术应用需求，知识图谱系统设计并搭建了一站式、一体化的知识图谱构建与应用解决方案，提供从数据准备、知识探索、知识建模、知识加工、知识应用的全流程支持。并通过可视化技术降低业务人员进行知识图谱组网、分析的门槛，进而方便业务

人员挖掘业务数据潜在价值，实现“数据赋能”，助力邮储银行的智慧化决策和智能化营运。

3.2 落地典型应用场景

注重业务应用实际需求，采用系统 + 试点应用同步建设上线的方案，深入业务部门的实际需求，以应用效果验证知识图谱系统的支撑作用。项目首期选取了交易反欺诈、信用卡申请等典型领域作为试点，在场景建设过程中对客户基本信息、交易信息等数据资产进行梳理，设立标准化的实体关系属性定义。后续将各场景下沉淀的图谱知识进行结合，并逐步引入其他领域业务数据，快速完成新场景图谱的构建和落地。

3.3 赋能多元金融场景

对已有子图进行知识融合，快速构建新的关联场景图谱，解决重复建图、实体指代混淆等疑难问题，以更高的效率和更低的成本实现知识图谱应用的推广和落地。同时，在场景建设过程中整合行内知识资产形成全行大图，赋能信贷零售、合规风控等多元金融场景，并支持内部员工培训、运营维护等创新应用快速探索，为企业级知识图谱技术应用提供实践参考方案。

4. 市场应用及未来方向

4.1 市场应用

4.1.1 电子渠道交易反欺诈场景

反欺诈电子渠道风险管理场景通过整合个人网银、手机银行等多渠道数据，完整还原客户资金来源和资金流向全链路，实现资金异动识别、资金流向风险监控、异常新客户识别等功能。

场景把传统反欺诈能力与知识图谱能力相结合，充分发挥知识图谱在社交网络识别的优势，摆脱了规则技术、图谱技术、模型独立判定的局限性，做到图谱识别交易依靠规则，规则识别风险结合模型，模型识别风险关系反哺图谱。场景构建了“规则—图谱—图模型”立体风险管控模式，强化了图谱的风险识别能力，精准区分正常关联关系、疑似风险关系和真正风险关系。截至 2022 年末，该图谱共包含超 40 亿实体、37 亿关系边，资金异动识别功能累计跟踪超 100 万张卡 / 户关系。

4.1.2 信用卡申请反欺诈场景

在信用卡申请关联识别与挖掘场景中，知识图谱系统利用客户通过网络申请信用卡时的相关信息，构建了信用卡申请图谱，依据图谱模型实现欺诈风险的识别及可视化。场景提供关联指标输出、关联识别模型和风险结构群组三方面功能，通过提取并计算关联风险特征，挖掘满足业务特征的异常风险团伙，并对目标对象的团伙欺诈风险程度进行量化打分，为风控反欺诈人员的决策提供依据。该图谱共有约 17 亿实体、10 亿关系边，截至 2022 年末已输出超 4000 万笔风险分析评估结果。

4.1.3 涉案账户倒查场景

涉案账户倒查场景将电信网络诈骗账户及交易对手信息等数据进行组合，快速构建涉案资金链网络，实现关联信息结构化和可视化，辅助运营管理条线进行涉案资金链路追查、研判分析犯罪团伙的组织分工关系。

通过知识图谱系统核查中心，实现涉案账户数据和风险账户交易集中度的可视化分析、排查，可疑账户关联关系与流水往来密度一目了然，可疑账户风险度量化呈现，增强了排查结果可解释性。同时通过系统内置图结构、团伙挖掘算法实现了从大量数据中自动筛选满足条件的可疑团伙，减少业务人员重复工作，大幅提升排查效率。

4.2 未来展望

中国邮政储蓄银行知识图谱系统通过“事先规划，知识互补，融合复用”的建设路径，已在智能风控等多业务领域建设了业务子图，试点场景的应用效果显著，有效赋能业务发展。基于当前构建的场景图谱和沉淀的实践经验，未来将致力于夯实图谱内容和拓宽赋能范围。通过不断引入多维度数据源，与行内各业务条线的数据进行拉通聚合，推动涉赌涉诈、内控合规等业务场景落地；关注供应链、IT 资产管理等主题图谱的构建，并通过多渠道输出图谱知识，提升客户服务质量，支撑邮储银行智能化转型。

同时，邮储银行还将持续关注知识图谱技术的发展趋势，研究各类图数据库及底层技术架构，将自然语言处理等前沿技术与知识图谱进行有机结合，探索金融科技产业创新发展新动能。

PKU Innovation Review

编委会点评

社会价值：

在数字经济快速发展的背景下，人工智能技术全面覆盖千行百业，其中以金融场景的深入应用为代表示范，为金融机构服务提质增效，充分发挥数据资产价值奠定了基础，对金融机构进行数智化转型具有重要的突破意义。其中，知识图谱这一技术将帮助金融机构更好地挖掘数据价值、提高决策效率，通过构建、推理和应用等方面持续地优化和改进，实现跨领域的广泛应用，为人们提供更智能、更便捷的服务，助力创造巨大的商业价值。

创新价值：

中国邮政储蓄银行构建全行统一的知识图谱系统，实现了异构数据的高效融合，支持快速构建业务专用子图或全行通用图谱。该系统具备知识管理、计算、应用等丰富功能，可视化实现，显著提升了监管效率和业务支撑能力。知识图谱技术为金融机构提升数据价值提供了重要手段，突破关系型数据库的局限，进行跨域的深度知识关联，有利于风险管控和业务支撑。中国邮政储蓄银行知识图谱系统实现了知识的集中管理和跨域复用，使知识服务更高效、更可控，是金融机构数智化转型的创新典范，值得行业学习借鉴。

人保科技：
统一智能平台打造人保集团智能“新引擎”

摘要：随着保险集团数字化转型的不断深入，人工智能技术与典型应用场景的叠加，对金融保险领域的冲击与颠覆已逐渐成为行业发展共识。依托人工智能技术，人保信息科技有限公司（以下简称：人保科技）建设了人保集团统一智能平台，储备了计算机视觉、自然语言处理、语音智能、数据智能等全方位的 AI 服务能力，全面推进人工智能、大数据、物联网、车联网、区块链等新技术深入应用，助力金融科技在保险用户体验、销售渠道、价值管理、风险管理等方面的支撑和引领作用，全面支持保险营销、承保、理赔、客服、风控等领域的智能化应用落地，打造人保智能“新引擎”。

关键词：人工智能　数字化转型　金融科技

1. 政策背景及行业发展背景介绍

1.1 政策背景：加强创新技术应用，丰富智能金融场景

保险具有天然的数字属性，近年来，大数据、人工智能等新技术的应用，为金融保险业数字化转型提供了技术支撑，使保险业务流程得以优化，给行业发展注入新的动力，推动金融高质量发展，有助于实现金融资源的高效配置，服务经济社会发展的重点领域和薄弱环节，更好地满足新形势下实体经济和人民群众多样化的金融需求。国务院于 2017 年出台《新一代人工智能发展规划》（国发〔2017〕35 号）[1]，将人工智能提升至国家战略高度。2021 年，“十四五”规划纲要[2]明确提出“稳妥发展金融科技，

［1］新华社：《新一代人工智能发展规划》，2017 年 7 月 20 日。
［2］新华社：《中华人民共和国国民经济和社会发展第十四个五年规划和 2035 年远景目标纲要》，2021 年 3 月 12 日。

加快金融机构数字化转型”。2022 年，人民银行印发《金融科技发展规划（2022—2025 年）》[1]，指出“搭建业务、技术、数据融合联动的一体化运营中台”是重点任务之一。2022 年，银保监会发布《关于银行业保险业数字化转型的指导意见》[2]，指出“加强创新技术的前台应用，丰富智能金融场景”。2022 年，国务院印发了《“十四五”数字经济发展规划》[3]等，接连出台的政策规划充分表明引入人工智能等新技术及搭建一体化平台的重要性，凸显了数字化转型作为经济社会驱动引擎的重要作用，更为金融保险业顺应数字化时代发展趋势、加快数字经济建设提供了根本遵循。

随着各项政策的相继出台落地，保险行业在人工智能等新科技引入的规划和目标逐渐清晰。在政策理论的指导下，保险行业数字化、信息化建设将在实践中稳步推进。

1.2 行业痛点和现状

保险业资金密集、信息密集和数据密集的特性，决定了保险业必定是人工智能等新技术积极的引用者和应用者。随着保险行业数字化转型的不断深入和人工智能新技术的不断引入，伴随而来的一系列问题和挑战也随之凸显。第一，机器学习等新技术在大型保险集团应用中，缺乏系统化平台支撑，目前仍停留在原始的数据收集 + 人工辅助的时代，造成 AI 开发周期冗长。第二，复杂的保险业务依靠单一 AI 能力往往无法实现，目前普遍缺乏对 AI 能力的统一编排。第三，受传统“烟囱式”开发模式的影响，不同的业务条线分头开发 AI 应用，过程中存在大量重复工作，AI 能力局限使用，缺乏统一的管理纳管机制，造成效率低、成本高等问题。

鉴于以上诸多问题和挑战，保险企业建设统一 AI 能力集中化管理平台势在必行。

2. 创新模式

近年来，人保集团科技工作围绕“卓越保险战略”目标，推进技术平台和应用系统建设。在宏观政策和金融保险领域数字化转型的需求下，在承保、理赔、客服等各个环节开展 OCR、人脸识别、语音导航等人工智能技术的研究与应用。人保科技成立后，统筹技术研究与应用，开展人工智能整体规划，人保集团统一智能平台的建设将

[1] 中国人民银行：《金融科技发展规划（2022—2025 年）》，2022 年 1 月 5 日。
[2] 中国银保监会：《关于银行业保险业数字化转型的指导意见》，2022 年 1 月 26 日。
[3] 新华社：《“十四五”数字经济发展规划》，2022 年 1 月 12 日。

推进集团层面 AI 能力和硬件资源的统一管理、集中共享和统一运维，助力人保集团智能化水平发展。

人保科技建设的统一智能平台是人保集团“建立数字化支撑的发展基础”的落地验证，将全面支撑全集团 AI 能力应用。

统一智能平台架构设计上主要分为两大部分：一是 AI 服务管理。整合适配算力资源，承载各项 AI 能力，提供对外 AI 服务输出，支持 AI 服务编排和多租户模式，实现人工智能中台自身 AI 能力及第三方 AI 能力的统一纳管、能力共享和统一运营，为上层应用提供稳定和高效的 AI 服务。二是 AI 开发平台。对接集团统一数据平台，提供 AI 开发的全生命周期管理，包括模型开发、模型训练、模型评估、底层框架、数据标注、训练集预处理等功能模块，为 AI 开发提供较全面的算法模型开发及管理功能。

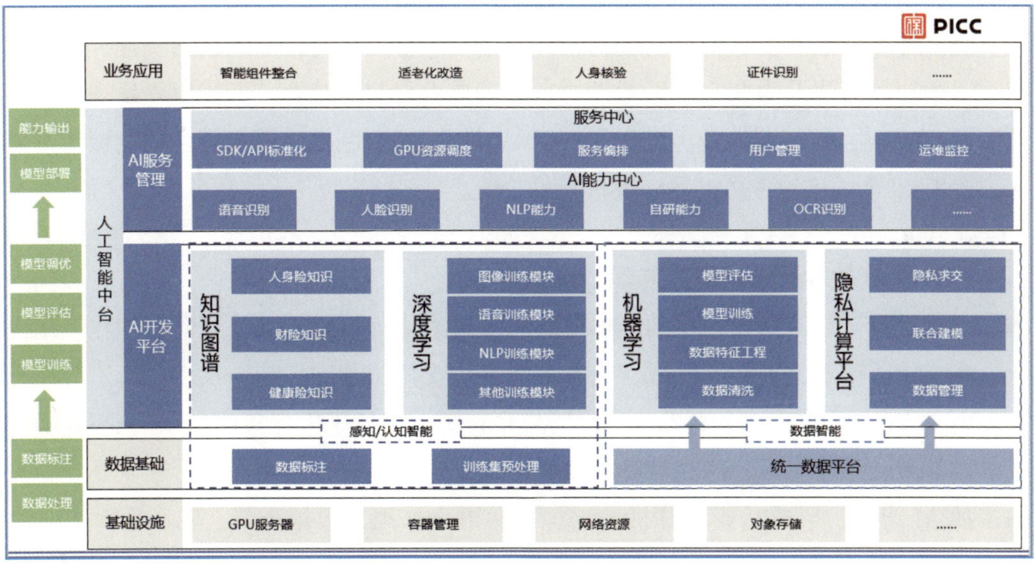

图 1　统一智能平台系统架构

2.1 聚合 AI 能力，支持业务创新

作为支撑全集团的人工智能新技术底座，人保集团统一智能平台从多方面提升了集团 AI 研发、应用能力。一是实现自身及第三方 AI 能力的统一纳管，实现接口统一、数据统一和运维统一，有效降低前端应用的应用难度，整体上降低运营成本。二是支持 AI 服务编排，实现多种 AI 能力的有机组合。金融业务普遍较为复杂，往往同时需要多种 AI 能力的协同合作，统一智能平台可对纳管的 AI 能力进行重新组合后以业务

场景的形式对外直接输出，为应用提供一站式 AI 场景服务。三是有效缩短 AI 能力开发周期，统一智能平台提供从数据采集到 AI 服务输出的端到端级别支持，省去了开发人员大量开发、生产环境的搭建、适配和运维工作，同时借助 AutoML 等新技术，让 AI 能力开发效率提高到过去的 5 ～ 10 倍。

2.2 架构弹性灵活，提供敏捷开发能力

在大型保险集团两级法人架构下，采用传统“烟囱式”开发架构进行 AI 应用建设，难以统筹规划形成复用的资产和通用的能力，造成计算资源、模型管理资源和运维管理资源的浪费。统一智能平台实现了 GPU 算力的统一管理调度，可根据业务需要快速进行算力的弹性伸缩，大幅提高前端应用的业务峰值承受能力，提高算力复用程度。针对子公司的重点应用，业务需求往往较为急迫，依托于人保集团的统一技术体系、统一开发标准、统一项目管理经验，结合统一智能平台的底层能力支撑，可快速形成以敏捷能力建设为核心的运营模式来促进技术与业务结合。形成以“发现业务问题”“AI 能力尝试”“解决业务问题”“工程化落地”“复制推广”为特色的敏捷运营模式，使用 AI 能力解决业务问题，发挥技术价值。

2.3 以场景为驱动，多方共建智慧人保

面对保险交易链条长、标的多样化、风险复杂化等传统特征，面对碎片化、线上化、高频化、场景化等新的挑战，统一智能平台支持从基础设施、技术平台、应用解决方案全方位 AI 体系，全面支持公司的战略转型。依托于人保集团复杂的业务场景，以机器学习、深度学习、隐私计算、知识图谱等领域的联合应用，配套建设业务相关的多种 AI 能力，形成涵盖计算机视觉、自然语言处理、数据智能、隐私计算等全方位 AI 能力服务清单，供业务应用按需挑选使用，以场景为驱动，全面应用人工智能技术，支撑承保、理赔、客服等业务场景。

3. 项目运作节奏

人工智能新技术的引入和推广落地需要循序渐进、由点及面，人保集团统一智能平台整体上按照创新场景快速落地、建成完善 AI 技术体系和应用场景全面升级三个阶段协同推进的策略来建设。

3.1 第一阶段：创新场景快速落地

第一阶段是要在关键业务点推动创新技术、智能化 AI 场景快速应用落地，验证人工智能等 AI 能力的业务价值。此阶段人保科技基于集团内各业务场景上亟待解决的痛点问题，基于 OCR、人脸识别、虚拟数字人等技术，在保单录入、人身核验、智能客服等业务场景落地，实现提升业务效率、降低人工成本的效果。

3.2 第二阶段：建成完善 AI 技术体系

第二阶段是逐步地完善 AI 技术体系，由点及面扩大 AI 能力新技术的应用场景，推广成熟的人工智能技术，为业务版块提供“数 + 智”一体人工智能支撑服务。人保科技从计算机视觉、自然语言处理等单线能力逐步拓展到全领域全场景的 AI 能力构建，初步建成了具有人保特色的人工智能中台，组建自有的人工智能算法团队，打造自研人工智能类应用产品及智能化解决方案。此阶段，人保科技打造了一站式智能文本处理平台——“文曲星”产品，基于 OCR+NLP，支持查、读、审、写海量金融文档与对话文本，赋能自然语言信息管理，大幅提升业务效率。在人保资产公司的研报精简项目中，“文曲星”可将投研机构出具的个股研报 PDF 进行精简，支持摘要结果、关键词分类智能搜索，有效提高了投研分析人员的工作效率。

3.3 第三阶段：应用场景全面升级

第三阶段将建立完善的智能化技术应用体系，聚沙成塔，全面助力多场景、多模态的智能化 AI 能力应用，推动业务智能化数字化重构。在技术方面，本阶段将持续进行生成式 AI、虚拟数字人、大模型等技术的引入，推动保险业务的数字化转型。在应用方面，本阶段将继续打造图像类、安全核验、AI 面试、搜索助手等智能化应用，将 AI 能力的应用嵌入具体的核心业务流程中。

4．市场应用及未来展望

4.1 市场应用

4.1.1“文曲星”产品：打造一站式智能文本处理平台

“文曲星”产品作为人保科技自研的一站式智能文本处理平台，技术上基于 OCR+NLP，能够实现海量金融文档与对话文本的智能识别、智能审核、智能分析、智能陪练等功能。“文曲星”产品为人保资产投研人员提供研报的智能分析和文字精简服务，在消除文字冗余性、内容可读性、全局总览、中英文支持等方面显著优于市场竞品。“文曲星”提供的基于用户评论的数据分析报表功能，对 NPS 调研问卷非制式意见文本进行自动化情感分析、主题提取分类、情绪分析和可视化展示，为人保下设财、寿、健各级分子公司提供服务。“文曲星”产品应用 OCR、KV 抽取、图像分类等技术，提供一款支持图片类文档或扫描单证的自动识别单证种类、信息结构化抽取和自定义模版的服务，节约信息录入的人力和时间成本，提升信息录入的准确率。

图 2 “文曲星”产品：一站式文本处理平台

4.1.2 智能客服：建成面向全集团的客服知识库，提高智能客户服务能力

针对保险智能客服场景，统一智能平台建成面向全集团的客服知识库，提高智能客户服务能力。统一智能平台提供智能文本客服开发、标注训练及调试、模型训练等工具，支持多租户模式、按业务分组管理、智能文本客服管理等功能。依托统一智能平台基础 AI 能力开发形成的智能客户服务系统，包括中控平台及智能客服工厂，应用于接报案、救援、咨询、回访、投诉等后援服务中，覆盖万余业务知识点，深度理解客户意图，降本增效，极大提升了用户体验。

4.1.3 数据建模：面向保单及客户生命周期各阶段，发挥数据价值

面向运营业务全流程，采用大数据与机器学习的方法，将业务问题重新定义成为一个数据可分析问题，从历史积累的海量数据中挖掘要素价值。围绕营销人员赋能，

推出保单复效难度、续期难度评分模型。为营销人员提供触达选择依据，推动保司续期及失效保单分层管理。启动孤儿单智能分配模型，理赔案件风控模型、新媒体营销用户意愿模型、用户需求模型的算法研发工作，通过深入挖掘算法应用场景，逐步体现数据智能价值。

4.2 未来展望

人保集团统一智能平台整体上按照创新场景快速落地、建成完善 AI 技术体系和应用场景全面升级三阶段协同推进。统一智能平台中的深度学习、机器学习、隐私计算、知识图谱四个版块正在按既定计划稳步推进，同时在各公司多个业务场景中，已经由点及面加快成熟人工智能技术的推广应用以及新人工智能技术的探索布局，普及感知型 AI，深化应用决策型 AI。

未来，随着统一智能平台的持续建设以及业务场景 AI 应用的推广普及，人保集团将全面进入人工智能发展的系统化阶段，具备较为完善的 AI 自主研发能力、治理体系和基础设施，对集团各业务系统提供稳定可靠的人工智能技术输出及相应人工智能解决方案，为业务全生命周期的智能化打下坚实基础，有效带动产品、服务、运营模式等业务环节智能化重构，有力支撑人保集团“卓越保险战略”实施。

智能技术路线将聚焦真实的业务场景和客户痛点，从局部的“点”上应用出发，再扩散到全面的“面”上应用。此外，人保科技将继续加强产学研合作，以算法和模型创新来推进技术进步，还将关注一些前沿领域的技术，寻找与保险业的结合点。在应用推广过程中，将综合评估技术应用的全口径成本和经济效益，避免盲目应用带来的不经济问题。

PKU Innovation Review

编委会点评

社会价值:

在数字经济时代，保险业积极拥抱新兴数智技术，以实现业务流程优化和模式创新，对行业高质量发展具有重要意义。新技术的应用将不仅仅是IT部门业务的升级，而是行业经营模式的全新变革，需要保险机构对未来业务发展进行系统性地重新定义，技术变革将会从渠道变革、模式优化、架构演变、竞争升级等方面影响着保险业未来的发展。保险业转型升级应该坚持构建系统性的创新，寻求应用场景的突破，并以明确的业务为诉求、为导向，从而焕发更大的市场价值、社会价值。

创新价值:

人保科技所构建的人保集团统一智能平台实现了AI能力的集中管理和全栈赋能，推出了一站式智能文本处理、智能客服、数据建模等创新应用，全面支撑了人保集团保险业务智能化的转型升级。在金融机构数智系统化建设中具有创新示范作用，全面落实人工智能通用技术与产业化AI能力，预期在未来将正向推动人保集团技术、管理、经营的持续进步，引领行业的科技创新发展。

青牛技术：
5G 新通话助力保险业降本增效

摘要：北京青牛技术股份有限公司（以下简称：青牛技术）是一家 SaaS 云服务提供商，致力于网络技术研究和智慧联络开发。随着新兴数字技术不断赋能保险行业，青牛技术以 5G 音视频中台为依托，搭建智能通讯业务全渠道，高效率完成远程客户交互过程，实现保险业务办理模式的降本增效。

关键词：保险行业　5G 通信　智能服务　降本增效

1. 背景说明

1.1 政策背景

在“互联网 +”行动计划以及“中国制造 2025”战略的引领下，我国大力推进新一代信息技术与实体经济深度融合，鼓励传统产业利用移动互联网、云计算、大数据、人工智能等技术进行数字化、网络化、智能化转型。国家高度重视保险业数字化转型，5G 视频技术作为新型信息技术，其在保险数字化转型中具有重要应用价值。

2017 年 6 月，中国保监会发布了《保险销售行为可回溯管理暂行办法》（以下简称《办法》）。《办法》通过对保险公司、保险中介机构保险销售行为可回溯管理，记录和保存保险销售过程关键环节，实现销售行为可回放、重要信息可查询、问题责任可确认。[1] 自然人被纳入投资者范围，在向个人投资者销售产品时为满足监管方面的可回溯管理要求，需要进行“双录”。

2023 年 7 月，工信部、国家金融监督管理总局联合印发《关于促进网络安全保险

[1] 国家金融监督管理总局网站：中国保监会关于印发《保险销售行为可回溯管理暂行办法》的通知，2017 年 6 月 28 日。

规范健康发展的意见》，鼓励网络安全保险服务机构协同合作，探索构建以网络安全保险为核心的全流程网络安全风险管理解决方案。充分发挥保险机构专业优势，联合网络安全企业、基础电信运营商等加快网络安全保险与网络安全服务融合创新。充分发挥网络安全企业、专业网络安全测评机构技术优势，联合保险公司提升网络安全保险服务能力。[1]

1.2 行业现状

目前保险领域都在降本增效，最大化提升业务人员工作效率，并且被要求能够满足实时监管和可回溯，如采集客户资料流程正规，服务客户态度有监控留档，沟通过程需支持远程同步录音录像、视频过程及录像传输满足安全合规等。

保险客户也希望简化业务办理模式，实现从“有接触”到“无接触”的线上化办理方式，以及“交互温馨，操作友好”的线上化服务，节省办理时间。因此，多媒体音视频通讯交互功能、视频客服双向视频功能、真实核对客户身份功能的出现，满足了各种视频业务需要；同时实现多技能、多模式、多业务、多站点集中办理，支持4G、5G新一代通讯协议及互联互通技术也相继出现。

例如，某保险机构每年业务报案和理赔量超2000万笔，目前客户报案后，一般将车辆开至4S店或修理厂，由店员协助通过微信小程序上传查勘照片，报案现场第一时间被破坏；接报案后，理赔员第一时间用个人电话联系客户，然后通过个人微信加客户微信来进行业务操作。

以上案例存在如下效率和合规等方面的问题，并催生了一系列需求：

1. 该保险机构理赔线上化率提升的同时需要考虑增进合规性，他们希望未来查勘和探视过程中采集客户资料更趋于正规，服务客户态度要有监控，避免大量理赔员加个人微信传数据。

2. 客户的体验也较差，客户需要下载APP或者搜索小程序，占用时间较长，应用使用教育成本较高。并且经常因为业务查勘过程中，客户有电话拨入而被中断，理赔员需要长时间等待客户再次接入，效率较低。保险机构迫切需要全面提升客户体验，最大化方便用户。

又例如，某保险机构属于寿险头部企业，其双录业务量约30万笔/年，疫情期间

[1] 工信部网站：《工业和信息化部　国家金融监督管理总局关于促进网络安全保险规范健康发展的意见》，工业和信息化部、国家金融监督管理总局，2023年7月17日。

现场/远程双录比例为 5∶5，疫情后现场/远程双录比例为 7∶3；在 2020 年已上线过一款双录产品，但在近两年的使用中逐渐暴露出诸多问题，譬如：

1. 该保险机构代理人终端老旧机型较多，经常会遇到 TTS 播放语音异常，需在双录运营群里反馈问题，通过单独 URL 下载 TTS 语音包才能正常播放语音，设备适配非常差。

2. 双录视频上传速度慢，上传时间较长；上传后的双录视频被压缩导致画面不清晰等。其中，尤以产品运行效率低为甚，突出表现为操作反馈时间超长，一直在等待加载。

以上问题严重影响了代理人的使用体验，导致分支机构在使用时产生抵触情绪，出现多次内部投诉。为了解决现有产品存在的问题，需要进行一次彻底的系统升级，亟需一套新的双录系统。

1.3 行业痛点

保险业业务办理效率低，客户等待时间长；服务模式单一，客户体验较差；销售违规问题时有发生，合规性监管困难；理赔调查效率较低，客户满意度较低；运营成本高，效率有待提升。

2. 创新描述

青牛技术结合自身在联络服务和实时音视频方面的产品和技术优势，推出一体化 PaaS+SaaS 平台产品，快速助力保险行业降本增效，既提供底层能力 PaaS 平台的支持，也提供上层 SaaS 级应用的支持。

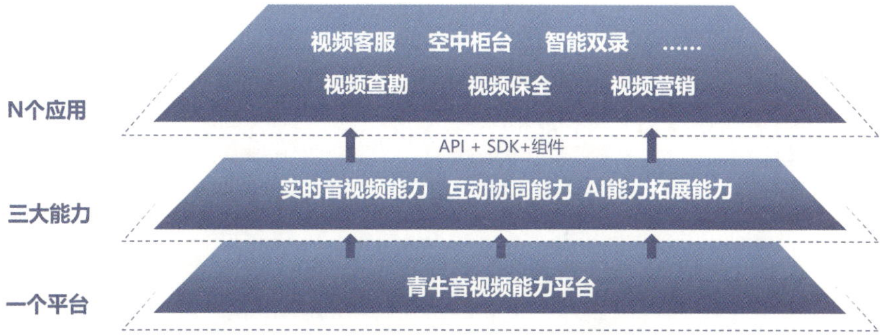

图 1　产品创新能力助力保险行业降本增效

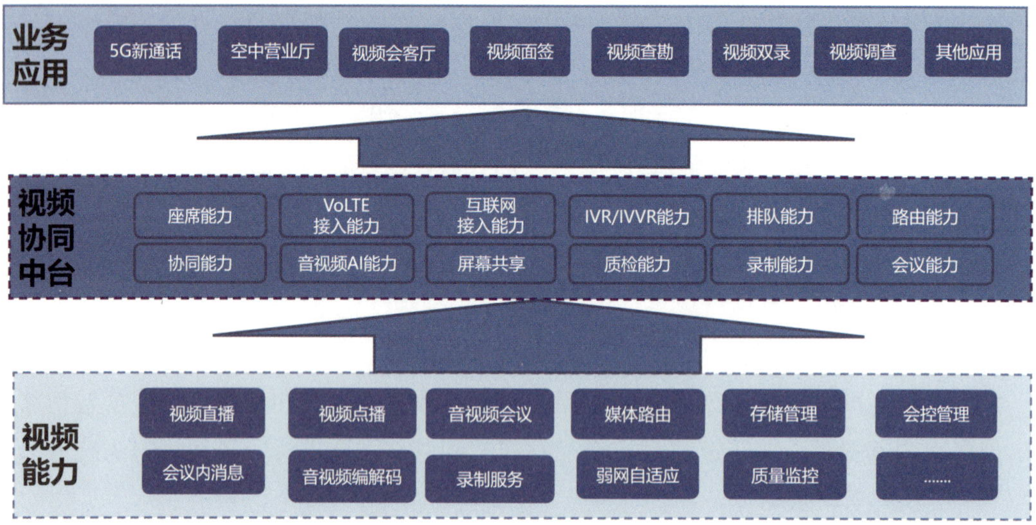

图 2　青牛视频产品矩阵

2.1 平台创新：双向呼叫 5G 新通话智能交互

非接触式远程视频服务成为趋势，业务办理过程追求让客户少操作、方便操作、不被打扰等用户体验；通过线上化 5G 视频助手工具支持，车辆查勘、远程定损、人伤探视、非车险查勘等服务过程对客户的交互体验更加友好；调节达成，直接签字确认，用户体验佳；提供 5G 视频助老服务能力及技术支持，线上“面对面”业务办理；解决老年人不会安装或使用手机应用时产生的“数字鸿沟”问题。

5G 视频通话作为创新技术，需结合技术与交互特点，总结探索新模式下的线上人员服务规范，提升客户服务接受度与服务感知。其价值创新总结如下：

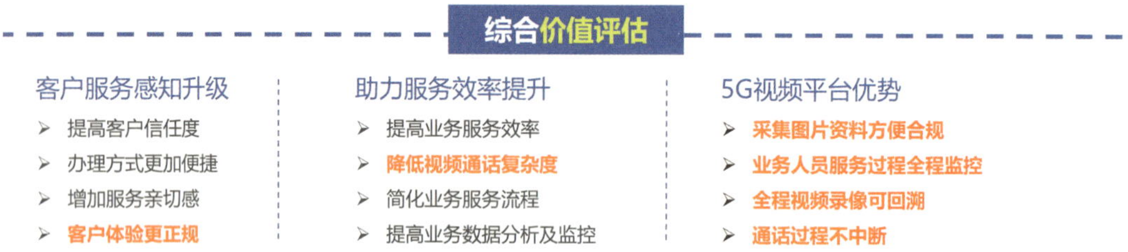

图 3　5G 新通话智能交互平台客户使用价值

客户服务感知升级。提高客户信任度，办理方式更加便捷，增加服务亲切感，客户体验更正规。

助力服务效率提升。提高业务服务效率，降低视频通话复杂度，简化业务服务流程，提高业务数据分析及监控。

更合规可控。采集图片资料方便合规，业务人员服务过程全程监控，全程视频录像可回溯，通话过程不中断。

2.2 系统创新：覆盖多终端智能双录

为应对突发事件，保障业务的连续性、稳定性，青牛技术采用运营模式，结合自身过往产品积淀，搭建出一套覆盖多终端（iOS、Android、H5、PC）的智能双录系统。在满足本地、远程双录业务场景使用的基础上，对录制过程中可能出现的异常操作进行了兼容适配，包括很多在业内具有代表性的问题，同时，因为舍弃了额外的手机应用程序或小程序，而采用 H5 的实现方式，在远程双录的使用上也更有比较优势。

手机端 APP（仅限代理人使用）集成视频中台提供的 Android/iOS SDK，实现本地双录、远程双录能力；H5 集成视频中台提供 WebSDK，以实现远程双录能力，供客户使用。

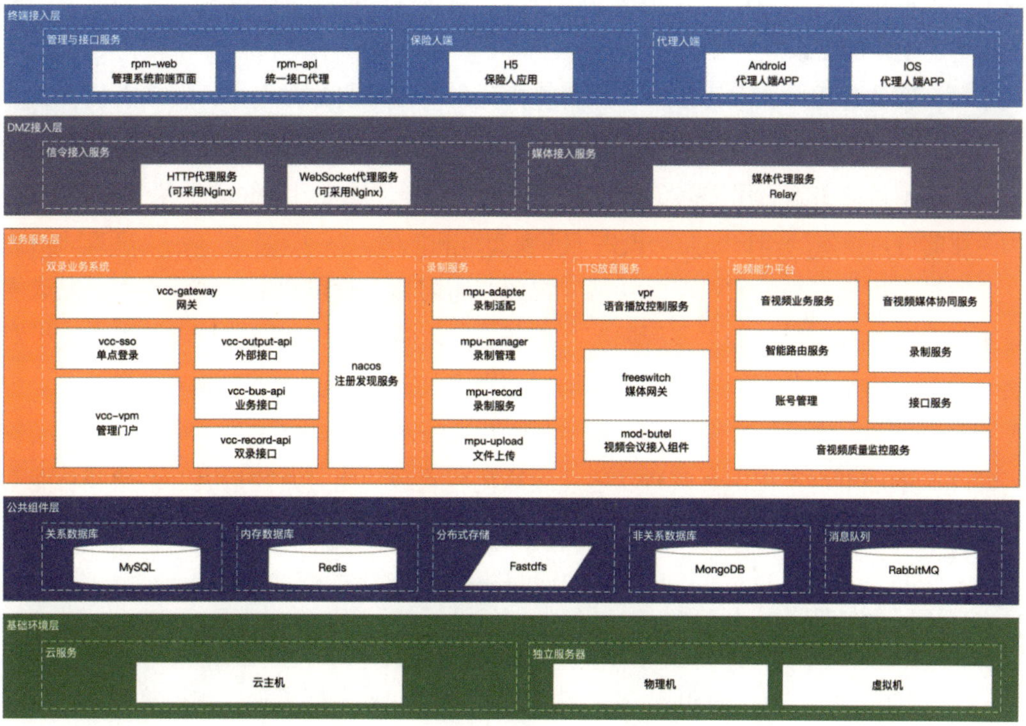

图 4　多终端智能双录系统技术架构

通过引入 AI 能力，实现双录产品的智能化，在本项目中大量应用了 ASR、TTS、同框检测、换人检测、人脸识别等较为成熟的 AI 能力，通过对集成方案的调优，保持系统运转稳定，实现了以下三点优势：

1. 双录视频实时生成。双录过程中采用云端录制，双录结束后实时生成录制视频，可一键提交。代理人在特殊业绩考核节点期间，可灵活掌控任务提交时间。

2. 相较手机本地录屏方式，对电话来电、微信电话、意外切出应用程序等多种异常场景具有更好的兼容性，可最大限度避免因发生意外情况，导致双录直接作废。

3. 便利的远程接入方式。客户通过 H5 页面便可接入远程双录，而无需额外下载手机应用程序或使用小程序，对老旧机型具有更好的包容性。

2.3 体验创新：全渠道接入的空中柜台 / 空中营业厅系统

通过集成青牛的 SDK，当客户使用 iOS 或 Android，采用 H5 或小程序方式进入空中客服系统后，可保持音视频继续工作。同时为了解决 iOS 系统的平台限制，在 iOS 终端的 H5 中使用支持实时通信的 WebRTC 技术，使用户通过 Safari 浏览器进行办理业务时可使用音视频通话，并实现了浏览器在后台时仍能够继续保持音视频通话，最终满足了用户的需求。

项目实施过程中，采用了一系列行业内先进的技术实施方案，升级现有的空中客服系统，实现更高效的客户服务，提高客户满意度和忠诚度，最终达到了客户的预期目标。本项目的实施不仅提高了客户服务质量和效率，还提升了企业形象和品牌价值，为企业的可持续发展和长期竞争提供了重要支持和保障。

通过多媒体音视频通讯交互功能，视频座席配合人脸识别生物认证技术，完成视频审核面签，打击黑产等更多视频客户服务。实现视频面签双向视频功能，真实核对客户身份，满足各种视频业务需要；同时实现多技能、多模式、多业务、多站点集中办理，支持 4G、5G 新一代通讯协议及互联互通技术。搭建统一访问管理门户，实现视频呼叫中心平台系统话务管理功能、运维流程管理功能、监控报表、录像等功能管理，简化 7×24 小时运维人员操作，提高用户体验。

3. 项目运作节奏

5G 视频技术在保险业的应用可分为技术验证期、业务嵌入期、规模复制期和持续优化期四个阶段。前期通过技术和业务验证，后期大规模复制应用并持续优化，最终实现保险业数字化转型。这是一个循序渐进的过程，需要视频技术供应商和保险公司形成长期合作。

3.1 技术验证期

这是5G视频技术在保险业应用的第一阶段，主要目的是进行技术验证。保险公司可以先在非核心业务场景中引入5G视频技术进行小规模试点，比如在风险勘查等环节使用视频沟通，来验证该技术在保险业务中的可行性。

3.2 业务嵌入期

技术验证成功后，进入业务嵌入期。这一阶段需要视频技术与保险核心业务深度融合，将视频服务能力嵌入报案、理赔等关键业务环节中。这需要视频技术供应商与保险公司紧密合作，根据具体的业务需求定制视频解决方案，实现视频技术与业务流程的焊接，使视频服务成为业务流程不可或缺的一环。

3.3 规模复制期

通过前两个阶段的技术和业务验证，视频技术方案已日趋成熟。接下来就是在更多业务场景中推广应用，逐步实现各项核心业务的视频化，最终实现保险业务全流程的视频服务和数字化转型。

3.4 持续优化期

在这一阶段，保险企业的视频技术应用和数字化转型已初具雏形，但还需要持续优化和迭代视频技术方案，结合新出现的客户需求、业务创新等，使视频服务能力不断提升。这是保险行业数字化转型的持续发展期，需要视频技术供应商与保险企业形成战略合作伙伴关系，持续进行技术创新与业务实践探索。

4. 市场应用及未来展望

4.1 市场应用

5G视频通话作为创新技术，需结合技术与业务特点，实现在线查勘、非车险人伤调查及车险人伤探视等解决方案，总结探索新模式下的线上人员服务规范，提升客户服务接受度与服务感知，进一步实现与现有系统及技术体系深度融合。

4.1.1 线上查勘场景

查勘员无需使用在线查勘小程序等待用户进入，直接通过拨打用户电话即可连接视频。通过 5G 视频助手，同时完成现场案件查勘与信息采集工作，实现一通查勘电话不挂断、服务工具不切换的情况下，完成理赔查勘全流程服务，提升客户感知与服务效率，并有助于及时发现风险。

对于线下查勘，除必须去现场的大额案件以外，普通案件可使用 5G 移动查勘工具。夜班的查勘员通常负责较大的服务区域，可在外出过程中使用手机移动查勘工具，解决外勤人员无法使用 PC 电脑办公问题，移动查勘工具同样支持拍照录像等功能，连接客户视频更加快捷方便，提升处理效率及视频使用率。

5G 视频助手还可实现查勘员与第三方（4S 店人员）共同服务一个客户，一通电话实现查勘、单证收集、定损、推修一体化办理模式。

通过视频通话方式完成车险查勘信息采集工作，测试期间真实客户案件平均处理时间为 2 分 46 秒，比传统的小程序视频查勘方式平均节约 5 分钟的案件处理时间。

4.1.2 非车险人伤调查场景解决方案

人伤调查员不需要使用微信视频通话，也无需通过外置手机或摄像机进行录制视频，直接通过 5G 视频助手，以先语音后视频的方式进行沟通，快速调起视频通话，与客户进行人伤调查视频探访及调查笔录，结束通话后自动生成录像文件，办理更加快捷方便，使用 5G 视频助手大大提升人伤调查的处理效率及视频使用率，使用更加规范。

4.1.3 车险人伤探视场景解决方案

对于住院案件，人伤调查员不需要亲自去医院进行现场探视，而是以先语音后视频的方式进行沟通，通过视频即直接办理人伤跟踪、住院探视、人伤调查，更高效地处理人伤案件。视频过程中可探视客户伤情，拍摄床头卡、受伤部位、病例、单证收集等信息，处理更加方便快捷，探视全过程可回溯，并支持在线签字功能，在视频过程中可发送短信链接，客户签字后回显签字合同。较原有去现场探视，一天仅处理 2～3 个案件，通过 5G 视频的探视方式，一天可处理 10 多个案件，平均处理时间为 5 分 36 秒，提升了探视人员的业务处理效率，简化了业务流程，进而降低了人员成本，更加方便合规。

另外，5G 视频对小额人伤也具有很大的使用价值。目前小额人伤案件占比 70%，之前没有视频能力，都是电话沟通。通过5G视频助手可以直接基于外伤进行定损，更真实准确，视频中可以清晰看见案件是否有造假情况，相比传统微信视频，现在的5G视频助手系统更正规。

4.2 未来展望

青牛技术将继续聚焦于多维度视频通讯和平台服务，将视频作为一个重要的通讯或平台方向进行推广，从多个维度打通业务流程的前中后环节，并在每一个环节和过程中提供服务。

同时，还会通过数据串联不同部门之间的业务流程，降低人员调度成本。使用数据连接不同部门之间的信息交换，并使其问题能够快速解决。在集成服务方面，也会努力帮助运营商服务其他企业。通过不断创新和完善技术，在视频通讯领域取得更大的突破，并将积极探索其他市场应用，为各个行业提供高效、便捷、安全和优质的在线视觉服务。

PKU Innovation Review

编委会点评

社会价值：

作为以客户为中心的金融服务市场，新兴科技能够推动相关业务通过智能化方式提升经营效率与服务体验。从粗放式经营到精细化管理，通过多终端覆盖和便利的远程接入方式，客户可以更灵活地办理业务，实现“有接触”到“无接触”的线上化办理方式。同时提升合规性监管水平，加强风险把控力度，降低运营成本，为保险行业的可持续发展和长期竞争提供重要支持和保障。

创新价值：

青牛软件的5G新通话技术为保险行业数字化转型提供了重要技术支撑，促进了保险业务与新一代信息技术的深度融合。通过多技能、多模式、多业务的集中办理平台下的多媒体音视频通讯交互技术，双录系统变得更加智能，实时生成双录视频，提高中断抗性，并提供便利的远程接入方式。能够有效提高效率、降低成本、改善服务质量，将有助于推动整个保险行业的发展，并进一步提升保险业在数字化时代的竞争力。

凡泰极客：FinClip 小程序重塑证券财富管理数字关系

摘要：深圳凡泰极客科技有限责任公司（以下简称：凡泰极客）FinClip 小程序利用数字基座技术，实现数字功能高度“碎片化”，并独立于 APP 进行开发和交付。可帮助金融场景满足客户个性化需求，小程序技术可打通金融 APP 与社交 APP，实现数据的有效流动，创造更多服务价值，助力证券公司实现共建共享的数字化财富管理新生态。

关键词：数字化转型　小程序　超级 APP

1．背景说明

1.1 政策背景：数字技术成为发展新引擎

全球已进入数字经济时代，数字化浪潮席卷全球。数字技术已成为新的发展引擎，数字经济的蓬勃兴起为数字金融构筑广阔舞台。随着数字经济发展的深入，科技赋能已成为金融业实现高质量发展的行业共识，科技引领和创新驱动为金融业数字化建设提供了发展动力。《金融科技发展规划（2022—2025 年）》[1] 指出，要“不断壮大开放创新、合作共赢的产业生态”，加强金融科技共性技术、资源和服务的开放合作、互惠共享，促进新技术产业化、规模化应用。联合高等院校、科研院所、高新技术企业等搭建专业化金融科技产业平台。

科技赋能数字经济发展已成为行业实现高质量发展的普遍共识，为我国数字化建设提供了强有力的发展支撑。

1.2 行业痛点：金融行业数字化转型需要深入运营场景

当前，我国金融机构已普遍认识到数字化转型的紧迫性及其对行业健康高效发展

[1] 中国人民银行：《金融科技发展规划（2022—2025 年）》，2022 年 1 月 5 日。

的重要性。随着金融科技投入与产出的增加，金融机构数字化转型已初具规模。但数字化转型是一项复杂的系统性工程，需要从自身发展目标和实际情况出发，选择适度合用的方向。各大金融机构在转型探索中呈现出如下特点：

数字化转型趋势已成，数据资产应用成关键。当今，随着对数字化的深入理解和实践迭代，金融机构数字化转型进入高潮期，转型的核心路径是建设新型企业级数字能力。对数据资产的掌控以及规模化、敏捷化、差异化应用，成为转型成功的关键。

信息孤岛成多年顽疾，开发成本仍居高不下。金融机构内部之间、内外部之间的数据均存在壁垒，缺少“以客户为中心”的数据协调和统一规划，系统调用接口复杂，造成了总、分行业务间的数据孤岛。尤其是中小金融机构，数据缺乏“点—线—面”联系，数据开发周期长，难以满足业务人员自助式分析需求，而且存在开发运维、管理成本过高等问题。

传统架构待提升，安全灵活成关键。一是安全问题。数字化的核心是与产业、客户、监管机构等的互联互通，开放的基础则是信息安全。二是结构僵化。数字化转型，需要的是多方在线协作，在传统的技术架构中，IT 部门更像是数据的“搬运工”，虽掌握大量数据，但由于缺乏业务场景的支撑，业务人员难以深入了解数据内在价值，导致数据难以沉淀为资产。

内容同质化，运营需补齐。传统金融机构产品、服务、内容较为单一，同质化严重，难以快速响应市场需求变革、无法满足客户个性化需求。市场上各渠道提供的内容产品以及金融场景过于雷同，导致客户流动性较大，原有顾客维护成本上升。数字化运营需要在客户洞察的基础上，做好客户全生命周期的运营管理框架设计，并且努力建立与客户的双向互动机制。

2. 创新描述

FinClip 是目前市场上独立于巨头企业外的 To B 小程序技术产品，技术定位是供企业可私有化部署或者云端自部署、自运营的应用商店技术，其中的应用技术载体为小程序，兼容主流互联网平台的小程序规范与标准。

FinClip 的第一个特点是把过去只有互联网巨头才拥有的技术能力，赋能给金融机构，让其拥有敏捷化、生态化实现业务创新的技术基础；第二是重点聚焦数据安全、隐私保护，通过有强安全认证的技术组件以及 100% 可本地化、私有化部署的技术，促进企业、机构对自己的数字生态合规可控，发展自己的私域流量，避免在公域流量环境下的潜在安全风险；第三是形成“乐高式”的插件生态，让企业机构以标准、规范、低成本的技术手段构建自己的多元化数字业务。

目前凡泰极客以 FinClip 为核心，已逐步形成自己的“产品宇宙”，涵盖技术扩展模块、第三方插件、上层应用等“可插拔”的组件生态，牵引聚合科技工具提供商、云服务商、应用开发商共同向企业客户提供“乐高式”插件，让企业在一个 100% 安全可控的技术平台上快速“组装”自己的业务应用。

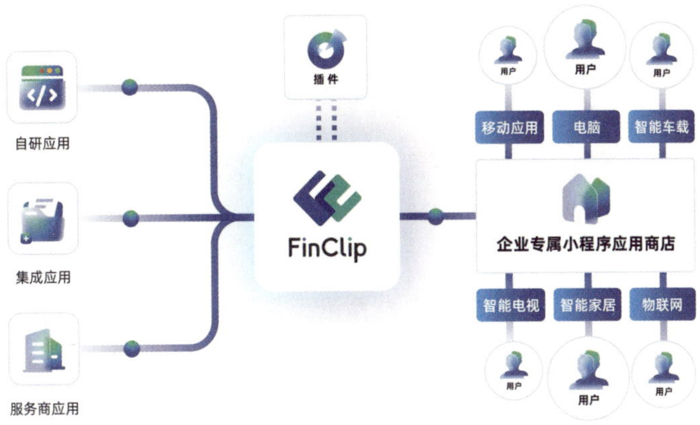

图 1 “乐高式”组建生态

利用凡泰极客 FinClip 小程序技术对 APP 进行改造，化整为零，把功能高度“碎片化”，让业务功能可以独立于 APP 进行开发、测试与上下架；并通过小程序的技术方法，打通金融 APP 与社交 APP，将原先“孤岛”般的 APP 业务与数据真正流动起来，产生更多价值并真正实现个性化服务。

通过将“FinClip SDK”快速接入某证券 APP 中，某证券 APP 实现了敏捷迭代，“千人千面”的能力使研发人员能够快速响应一线业务诉求，达到降本增效的目的，进一步提升了移动应用业务运营能力。目前已实现以下创新突破：

2.1 打破信息孤岛，实现跨平台获客

当某证券 APP 集成 FinClip SDK，各类业务功能都可以以小程序的形式替代，并且能够更加便捷地在社交平台中进行裂变分享，促进基于业务场景的交流，实现跨平台获客。

2.2 利用小程序争夺用户使用场景、流量和时长

某证券 APP 通过集成 FinClip SDK 让所有潜在的合作伙伴（也包括提供“衣食住行”服务的第三方平台）将自身高频的业务场景以小程序的形式上架到自身功能较为单一的 APP 上，将第三方服务商、插件提供商纳入自身的生态，从而改变 APP 原本单一的交易属性，使其更具社交属性，增加用户浏览量，增强客户黏性，唤醒长尾客户，

实现从用户到客户的转化。通过这种技术手段，可逐渐将某证券 APP 打造成垂直领域的超级 APP。

2.3 复用小程序技术的红利，降低研发投入及运维成本

某证券 APP 通过集成 FinClip SDK，可以有效帮助应用治理。小程序可独立开发测试、支持热更新，与宿主（APP）之间互不干扰，能够解决金融机构 APP 发版频率过高等问题，快速响应业务需求、快速迭代。

2.4 实现“千人千面”，满足不同需求的个性化服务体验

某证券 APP 通过集成 FinClip SDK，小程序可实现“千人千面”的特性，根据需求自建灰度方案。根据用户的地域、年龄、行为推送不同的业务功能，实现针对定向人群的个性化小程序投放，帮助运营人员精准、及时触达用户，实现业务留存、促活、增长的目的。

2.5 搭建小程序运行时环境，形成具有自主知识产权的小程序技术储备

FinClip 小程序运行时作为独立的 SDK 集成到某证券 APP，APP 与小程序之间实现相互跳转和调用。小程序本身作为独立运行的业务功能，可以实现独立的全生命周期管理和权限控制。

2.6 实现业务重构，实现代码的长久生命力

传统手机证券 APP 的前端架构大同小异，原生组件实现行情和交易等核心功能，H5 实现资讯、增值服务等功能，用小程序重构手机证券后的前端架构如下：

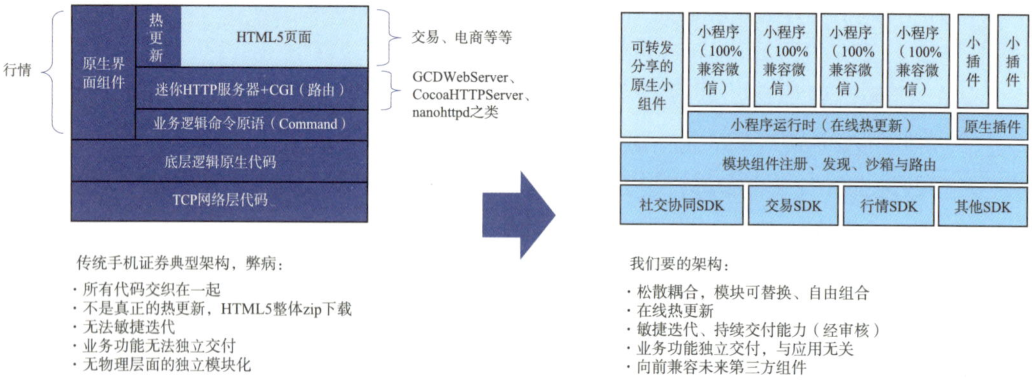

图 2　小程序重构手机证券后的前端架构

利用 FinClip 小程序技术重构架构后，实现了业务功能的极大松耦合，真正让手机证券 APP 具备了敏捷迭代、热更新及全生命周期管理能力。

3．项目运作节奏

3.1 第一阶段：痛点诸多，发展掣肘

以数字化思维和市场营销技术相结合有助于拓展丰富数字化渠道，让金融服务更加便捷地触达用户，推动业务服务线上化、运营场景多样化。但挑战也随之而来，证券公司需要解决各个方面的问题。产品需求过剩、业务增长乏力、获客成本高、营销模式单一等成为制约近年来某证券公司财富管理业务增长和发展的关键因素。凡泰极客针对客户需求进行了深入分析，发掘痛点如下：

3.1.1 业务增长乏力，营销模式单一

某证券公司从 2010 年开始筹划财富管理，整体收入在 2018 年达到了数千万。当时内部已经感到增长乏力，急需新的模式来带动财富管理业务的发展。传统的发展模式是加大投入资本，资本越多赚钱越快，但随之而来的是风险越大。但是，科技投入相较之下风险很小，并且有可能在与业务部门碰撞之后形成新的业务增长模式。

3.1.2 获客成本高，有效转化低

此前，财富管理行业主流的营销方式为广撒网、使用佣金抵扣等方法，但是效果越来越不理想，网络导流的有效客户不超过 13%，并且获客成本高达 4000 元—5000 元。如何降低获客成本并且提升有效户转化是亟须攻克的难题。

3.1.3 产品需求过剩，研发成本高企

财富管理行业产品需求过剩，难以判断有效需求或无效需求，内部研发周期长且业务试错成本高，业务发展陷入困境。

3.1.4 APP 可运营性低，算法推荐不智能

财富管理行业投顾水平参差不齐，客户、潜在客户和一般用户群中营销内容难选择，运营效果难保证。同时，每次运营活动上线均需要 IT 部门较长的配合时间，APP 可运营性低；“投其所好”的营销投放算法不适合证券业务，如果持续给风险偏好较高的用户推荐高风险高收益率产品，极有可能造成客户血本无归，因此需要合理的算法推荐，促进客户盈利。

3.2 第二阶段：基于 FinClip 打造数字化社交营销服务闭环

3.2.1 敏捷迭代，降本增效

某证券公司 APP 通过集成 FinClip SDK，使得 APP 各类业务功能都以小程序形式替代，可以有效帮助应用治理，快速响应业务需求。

3.2.2 社交化营销与展业

某证券 APP 通过 FinClip 将业务功能以小程序的形式进行封装，如增值产品、资讯中心、商城精选、智能产品等，有利于员工将各个小程序投放至外部流量平台（微信、头条、百度、抖音等），借助社交平台去中心化流量分发原则，通过小程序内容触达全平台的股民。同时，FinClip 兼容微信小程序语法 WXML，研发人员无需对业务功能进行二次开发，即可复用；并通过技术手段打通公（社交平台）—私域（展业 APP）流量，让投顾 IP 能够最大化传播并让客户感知。

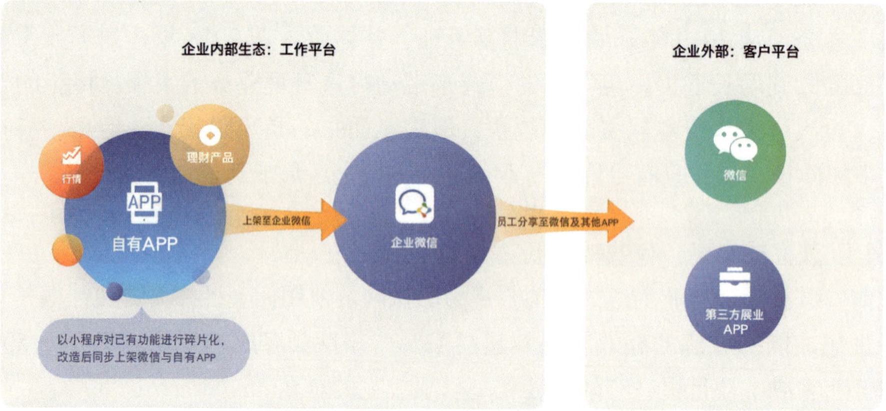

图 3　企业内外生态联通

除此之外，任何金融机构的资产分析、营销展业等业务小程序均能上架至此，助力营销人员对客户行为数据的洞察和潜在需求的挖掘，为客户提供差异化服务内容，让客户在获取“无处不在”伴随服务的同时，更能拥有“无微不至”的贴心体验。

3.2.3 数据驱动运营，实现精准营销

为了实现精准营销，某证券利用 FinClip“灰度发布”的特性，基于客户标签，自建灰度方案，随后针对用户的地域、年龄、喜好、行为推送不同的业务功能，实现针对定向人群的个性化小程序投放，帮助运营人员精准、及时触达用户，实现业务留存、促活、增长的目的。

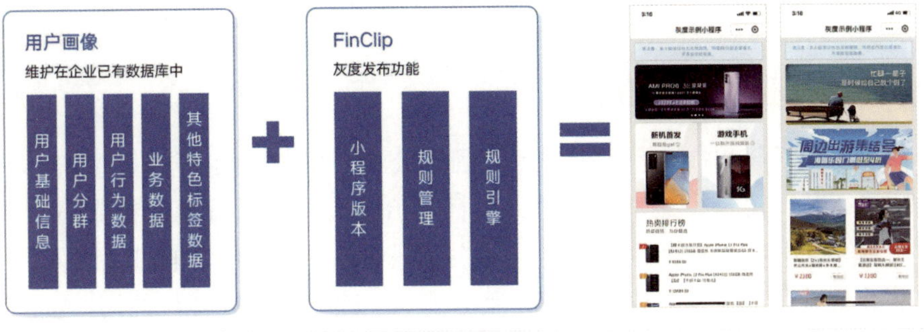

图 4　灰度发布功能

3.3 第三阶段：重构数字基座，助力打造超级 APP

FinClip 小程序开放平台解决方案的创新及差异优势主要体现在以下几个方面：

功能解耦模块化开发，体验优化低成本构建。超级 APP 需将自身引擎化以承载各种轻应用的运行，实现平台化构建。FinClip“小程序化”的开发模式：通过引入 FinClip SDK 平台实现“Native+ 小程序”的混合开发模式，将 APP 化整为零，业务功能可拆分成若干个小程序，实现模块化开发。各个业务模块之间互不影响，均可独立更新与发布。

安全沙箱助力，风险隔离管控。安全性是金融机构关注的重点，凡泰极客 FinClip 小程序安全沙箱技术，是一种云端可控的设备端（包括 IoT）安全沙箱技术。它以可分发、可流通的小程序代码格式为软件形态，充当下一代企业应用软件的技术底座。作为 Web 前端技术的“超集”，基于令牌（non-forgeable token）的安全模型，和当前“零信任架构”下的其他基础技术在最贴近用户、应用的地方能建立良好的配合。

用户体验优质顺滑，智慧服务灵活上线。FinClip 拥有小程序灰度发布，A/B 测试能力，金融机构可利用 FinClip 低代码配置快速上线，开展小程序常态化运营，结合自身的金融服务能力，打造特色化金融服务，丰富 APP 使用场景，通过充分利用系统 UI、线程协作及缓存技术等，全面提升用户使用体验。FinClip 凭借插件化、嵌入式、轻量而灵活的产品特点及行业领先优势赋能证券公司，提升智慧运营、监管与合规科技等方面突破创新。

开放生态边界，共创合作价值。FinClip 支持微信小程序语法 WXML，可低成本快速引入微信高频小程序至自有 APP，并且可协助商户入驻流程标准化，通过企业小程序管理后台的上下架实现对商家、内容的动态管理，快速搭建自有 APP 小程序生态，实现小程序应用的平台建设、合作接入、托管分发、流量互引，并与合作伙伴探索小程序平台商务模式，进一步解决用户量和收入的难题。

4．项目成果展示及未来展望

随着移动互联网和社交平台的发展，证券公司客户在微信、短视频等社交平台停留时间越来越长，流量生态不断转移，以社交流量为主的新流量已经成为全新趋势。对证券公司等金融机构来说，营销人员的主要展业场景已从线下转变为线上，拓展业务营销渠道，提升业务人员数字化营销服务能力，建立可持续转化的用户资产已经成为金融行业的共识。

4.1 典型案例

基于此，某证券公司与凡泰极客联合，以科技驱动创新，为业务发展赋能。依托凡泰极客提供的财富管理解决方案，打破了当前证券财富管理业务增长乏力、营销成本高、有效转化率低等现状，实现了某证券公司内部各业务条线的线上化、数据化、可视化和智能化。

4.1.1 成果优势

通过凡泰极客 FinClip 小程序技术的赋能，某证券公司的 APP 具备了以下优点：

1. 系统调用能力强大：提供了丰富的原生系统能力，比纯 H5 或者 Hybrid 要强大很多。

2. 体验更好：提供大量的原生接口以提高性能，管理所有的页面路由，实现页面间的无缝切换。

3. 标准化开发：小程序提供了统一的开发框架、组件和 API，还有完善的文档支持。

4. 多端适配：小程序的多端能力，兼容支付宝、微信等原生接口，一次开发，多处使用。

4.1.2 效果展现

基于凡泰极客提供的财富管理解决方案，某证券公司重塑财富管理业务生态及运营模式，已经初步拥有了一个过去只有互联网巨头才能拥有的营销技术生态。截至项目结束，某证券公司财富管理付费服务的签约客户已经超过公司有效客户总数的一半，增值产品营收同比增长近 2 倍。

某证券公司投顾通过应用数字化内容运营平台中的一系列功能满足了各个场景下的客户服务需求，对获客、客户激活和客户转化都有明显的提升效果，特别是对增值产品的销售转化起到了重要的推动作用。

1. 业务效果

有效账户增值产品的签约率达到 53%，增值产品的营收同比增长 100%。

2. 投顾业绩

通过数字化内容运营平台，投顾触客数持续提升，其中 60% 为新用户，客户有效率超过 70%，客单价同比增长 190%。

4.2 未来展望

小程序容器只是凡泰极客的开端。未来，凡泰极客将在组装式应用（Composable Application）平台发力，让客户端开发变得更加简单，应用逻辑和底层插件都“乐高化”，并且会和低代码的相关技术结合，让开发者一方面聚焦业务逻辑的开发并且保障代码是互联网主流技术规范，并不受哪一家的绑定；另一方面也可以选择、置换或者自定义、自实现底层的通用基础插件。凡泰极客也将在信创领域持续发力，目前该公司已实现全面支持信创。同时，小程序容器基于沙箱环境，还能保证其网络通信不被干扰或拦截，安全可靠性大幅提升。

此外，凡泰极客也将继续在政企、智能制造，尤其是物联网方面寻求突破。目前，在行业端，凡泰极客在车载系统、智能电视上已经有相应的行业案例；在技术端，在已经形成的技术基础上，将推动浏览器走向云端，让企业在服务器端可就用户浏览使用行为进行权限管理，并融入更多企业安全管理和加固能力。

编委会点评

社会价值：

当前，我国正处在新一轮科技革命与产业变革及发展方式转变的历史交汇期，金融机构深入科技研发并广泛作用于产品及服务场景，线上运营与数智能力正日益重塑其核心竞争力。其中，随着客群迭代与需求更替，社交化、碎片化、个性化成为当前金融机构面对客户时的关键挑战，如何应对上述难题，成为金融机构数字化转型的当务之急。同时，金融机构在面对新一代科技投入的问题时，也将更多地考虑灵活性、可用性，富有弹性空间并兼具性价比的新兴技术及组合成为金融科技高质量发展的推手之一。

创新价值：

凡泰极客专注于通过自主创新、中立可靠、灵活开放的企业级云原生数字引擎，为急需数智转型的行业提供坚实的数字技术基础支撑。其核心产品 FinClip 凭借插件化、嵌入式、轻量而灵活的产品特点及行业适配性，于多个行业成功落地。其中，在证券行业的应用将原先金融机构“孤岛”般的 APP 业务与客户数据联通，并产生交互与流动，推动金融机构数据资产价值增长，满足更多客户个性化服务需求，为证券行业财富管理业务运营模式更新与生态建设赋能。

第二章

产业智联的最优解

以客户为中心，以平台为抓手，以市场需求为牵引，数字化驱动业务和管理创新。产业互联网将建立全方位、多层次、全流程的产业资源协同共享模式，同时融合咨询、交易、仓储、物流和金融为一体的前中后台综合服务体系，将形成助推产业上下游共生发展的创新动能。

“数字化转型不仅仅是生产环节的数字化或者智能制造本身，最重要的是从‘以产品为中心’转变到‘以用户价值为中心’的新型能力”，特别需要“提升与用户协同，以及为用户提供服务的能力”。

通过坚持“以人为本”的数字化改造可以提高自动化和流程化，各产业领域会逐渐形成开放的生态，满足行业软硬件工程需求，消除硬件和系统屏蔽的差异，最终实现各个层面业务的独立运行。产业智联生态从商业生态、技术生态和商务生态三方面进行搭建与整合，基于生态、互联的思想理念，结合开放、共赢的合作心态，有助于整合更多行业资源，打好产业服务基础。[1]

[1] 创新观点导读：北大创新评论《工业智联 创新融合》。

数字绿土：云端 AI 无人机巡检突破公路维护难关

摘要：北京数字绿土科技股份有限公司（以下简称：数字绿土）突破无人机在公路巡检中的应用，重点建设公路巡检系统平台，研究特定构造物经常检查、应急事件自动巡检和日常巡查等关键技术，打造无人机技术应用示范高地，全面提升公路巡检网络多维度感知能力和基础设施运维能力。

关键词：无人机　公路养护　无人机巡检　智能识别

1．背景说明

1.1 政策背景：智慧交通体系搭建，推动无人化进程

2019 年 9 月，中共中央、国务院印发《交通强国建设纲要》，要求"大力发展智慧交通。推动大数据、互联网、人工智能、区块链、超级计算等新技术与交通行业深度融合。推进数据资源赋能交通发展，加速交通基础设施网、运输服务网、能源网与信息网络融合发展，构建泛在先进的交通信息基础设施。强化交通基础设施养护，加强基础设施运行监测检测，提高养护专业化、信息化水平，增强设施耐久性和可靠性。"[1]

智慧交通是交通强国建设的重要组成部分，我国高速公路里程呈现快速增长态势，从 2000 年到 2020 年，高速公路里程从 2 万公里增长到 16 万公里。《国家综合立体交通网规划纲要》提出，到 2035 年，国家综合立体交通网实体线网总规模合计 70 万公里左右（不含国际陆路通道境外段、空中及海上航路、邮路里程）。其中铁路 20 万公里左右，公路 46 万公里左右，高等级航道 2.5 万公里左右。沿海主要港口 27 个，内河主要港口 36 个，民用运输机场 400 个左右，邮政快递枢纽 80 个左右。[2] 公路交通发

[1] 新华社：《交通强国建设纲要》，2019 年 9 月 19 日。
[2] 新华社：《国家综合立体交通网规划纲要》，2021 年 2 月 24 日。

展特点概况如下：1. 里程长度快速增长，高速公路网覆盖范围广；2. 隧道、桥梁路段，人工巡检工作量大、难度高；3. 公路受所处环境、路过车辆等影响，产生裂缝、车辙、坑槽等病害，给路过车辆增加了安全风险。

多地交通运输局同步展开路面病害防治工作，出台路面维护政策，路面整治已成重点工程。利用无人机、多光谱数据、图像识别等技术的智能巡检系统，已成为公路巡检发展新趋势。无人机公路行业应用方向包括：事故调查、风险评估、道路养护治理、交通监控与管理、车辆检测、交通流量分析、应急事件现场指挥、道路设施数字化建模、高速公路基础设施管理等。

政策、市场、技术，均在加速度落地，一个全新的行业已经呼之欲出。由此，在公路无人机巡检赛道中，无人化、智能化、业务流程闭环化的工程应用场景被寄予率先产业化的厚望。

1.2 行业痛点：现有公路管理面临的挑战

巡检成本高，传统巡检方式主要是人工携带工具进行现场巡检，不仅困难重重，而且异常耗时耗力；效率低，路及其附属设施种类和数量很多，想要通过传统方式进行巡检，工作量巨大，巡检周期较长；误差大，依靠人工采集，很难将道路数据采集全面，在日常巡检中难免造成疏漏，降低巡检效率；危及人身安全，桥梁下、边坡、危崖位置，数据采集耗时耗力，风险大；事故处理困难多，易出现大面积拥堵，事故处理车辆进入现场困难；救援物资送进救援现场困难。

1.3 行业现状：无人机公路巡检技术应用的优势

成本低，更少的人力、物力投入，中央控制室即可实现机群远程作业、多载荷传感器、数据自动处理反馈，实现人力资源、车辆的节约；更安全，飞行灵活，精度高，代替人工对危险区域巡检，满足安全规程作业要求；更高效的作业能力，一键起飞，具备自主飞行和人工操控巡检能力，减少巡检工作时间，大幅降低道路交通维护压力，提升工作效率；实现无人机远程自动化、智能化作业。

2. 创新描述

数字绿土以“激光雷达 + 无人机 + 巡检管控”技术优势为先导，工程化落地能力为保障，推出了第二代无人机巡检系统。

系统由云端管控系统（无人机巡检平台）+AI识别系统组成，管控系统包括航线规划、任务调度监控、远程指挥控制、人员权限管理、成果查询管理等功能，实现了由云端智能调度管理的无人巡检解决方案；AI识别系统由模型算法训练、自动识别、报告生成等通用功能组成，实现不同自动识别场景快速应用。

2.1 自动识别模型预训练

通过预收集样本数据，基于AI识别系统，借助图像样本标注、训练、识别和图像控制算法，使无人机能自动识别、提取、定位特定目标，及时发现道路安全隐患，可实现基于可见光照片自动识别的场景快速落地，目前已积累和解决不同行业识别样本包括：公路破损、裂缝；管道裸露、偷盗、施工等；电力导线绝缘子发生损坏、缺失等。

路面病害的出现是随机的，是在长时间载荷或其他自然灾害后，意外发生的路面毁坏。使用无人机对路面状况进行定期监控，及时发现病害情况和病害趋势。通过无人机自动按照规划航线拍摄路面照片，分析识别路面病害。针对不同巡航视场的目标，研究飞行策略，确定飞行高度、相机型号、拍照角度等参数设定，对路基、路面、桥涵及交安设施的完好状况和使用功能状况进行巡视检查，满足路表设施巡检作业和智能识别要求。基于深度学习网络先对大量的路面病害图片样本进行训练，再实现检测结果的输出。也可基于采集道路的激光点云数据，实现道路破损的自动识别，能够对道路裂缝实现定量化分析，得到破损宽度、深度、高度等信息。

道路停车状态识别。利用多尺度无人机影像分割模型，充分挖掘路域对象间的上下文信息，提升车辆状态识别效果和准确率。在巡视过程中通过图像识别技术和图像控制算法识别、锁定车辆、道路等目标，对违停、占道等违章车辆进行快速取证，并对道路进行疏导。

道路抛洒物识别。通过无人机的高清摄像头采集道路信息，根据可见光及轨迹分析判定事件分类并产生告警信息。利用人工智能算法，对无人机巡检过程中公路上出现的轮胎等掉落物、动物等异常物体进行智能分析和识别，并及时预警通知相关人员进行处理。

2.2 基于激光点云数据航线规划

基于激光雷达软硬件一体化解决方案，实现道路巡检目标的三维建模，融入高精度卫星影像和地形数据，指导无人机根据任务需要自主规划巡视区域与航迹点。提供道路及周边环境的二维和三维展示，通过二维地图展示公路路径、车道等信息，在三维高清地图的基础上支持构造物三维模型与地图的叠加展示。

通过无人机巡检平台，基于道路激光点云模型，绘制巡检航线，实现包括航点编辑、飞行参数、云台参数预设、净空距离安全检查功能。针对高边坡、山体、公路设施、桥梁等复杂环境对象，通过高精度的激光点云方法对公路高边坡等区域沿线进行三维建模。基于高精度激光雷达点云模型，通过标定巡检部件，提取关键特征的空间参数，实现拍照点及航迹半自动化生成，生成无人机巡检航线，极大地提高了公路巡检效率和巡检智能化，指导无人机按照预定航线进行飞行。基于实时 RTK 技术实现高精度飞行，躲避空间障碍物，实现近距离拍摄，满足无人机巡检安全规范要求。基于三维地图的航线规划，利用公路卫星影像和地形数据，自主规划飞行航线，实现相对于路面海拔高度的一致飞行，确保公路巡检飞行效果与质量保持一致。

2.3 突破巡检较难区域

利用无人机灵活、准确、高级和智能化的特点，完成路面、桥梁、边坡等区域养护巡检工作，协助养护人员及时反馈、修复公路病害。

通过在无人机巡检平台中集成主流机巢，实现无人机的快速作业部署，建立一体化的无人机调度管理方案，提供机场绑定、基础命令控制、直播、航线管理、状态获取、成果回传等功能。

针对无人机在日常巡查、专项巡查、路政巡查等不同场景中的应用，采用分布式组网对每架无人机进行管控，实现具备多机巢多架无人机的管控能力。即通过统筹考虑任务地点、范围和智能机库分布以及无人机续航时间、速度等性能参数，将任务分解到进行组网的每架无人机，对每架无人机单独下达运行指令和分发任务，无人机共同完成任务，以提高作业效率。

自动化任务管理，分为即时、定时、重复定时任务设定三种类型，满足客户日常巡检中对不同区域巡检频次的需求。任务作业过程中，通过机巢或者 APP 软件，传输现场视频画面、任务进度，远程操控无人机和感知无人机实时作业状态。

3. 项目运作节奏

数字绿土全栈式解决方案的每个阶段都有相应目标，在既定的规划中，设定了从数据采集、数字孪生建设、巡检平台建设、无人机巡检规模化作业运行的多步工作方案，也通过进阶服务获取客户信任，逐步深入项目合作实现共赢。

3.1 第一阶段：数据采集

公路大范围数据采集，以无人机、车载激光雷达点云数据为主，并进行真彩色赋色，可满足高精度测量、航线规划要求。通过多种数据融合，可结合各自优点，实现适合公路运维、可视化需求的大场景实景还原。

阶段成果：

2021 年，数字绿土采用自主研发的机载激光雷达 LiAir，选取内蒙古自治区区域内 100 公里高速公路现场勘察，利用多旋翼无人机搭载激光雷达 LiAir 220，沿边坡飞行，获取点云数据与边坡照片，建立完整道路三维点云模型。

2022 年，数字绿土采用自主研发的机载激光雷达 LiAir 和 LiMobile 车载激光雷达系统，选取福建省区域内高速 30 公里路段现场勘察，获取三维点云数据，融合倾斜模型，建立巡检路段及其周边区域的实景三维模型数据库，并基于时间进行版本管理。

3.2 第二阶段：巡检平台建设

巡检平台能够使无人机一键起飞、降落并实施自动巡航，以此来了解公路设施及周边环境。通过机载摄像头，将实时视频图像信号传给控制站，管理员可通过监视显示器观察道路安全和交通情况、沿路分布的设备运行状况、道路病害及突发事件等情况。巡检平台为管理者提供了一种高效便捷的巡视方式，大大提高了巡视效率，极大地减少了巡视时间，并降低了劳动力成本。

图 1　无人机巡检平台——航线规划

阶段成果：

2022年，数字绿土以实际调研问题和数据为基础，借鉴国内外已有成果，集理论分析、经验与管理模式于一体，研发“公路无人机智能巡检系统”，系统集静态管理与动态辅助决策于一体，包括了“无人机控制子系统”“可视化巡检展示”“数据库建设”等功能。形成一套高效、精细、智能的公路无人机巡检科学决策机制和规范化管理方式。通过信息系统建设以及配套装备与技术应用，利用无人装备快速、高效等优势，构建无人巡（检）查体系，提升公路养护巡查信息化、智能化水平，提升公路管理服务水平，实现突发事件迅捷响应，重点监测区域日常巡检能力，推动公路智慧养护、智慧交管等技术体系建设。

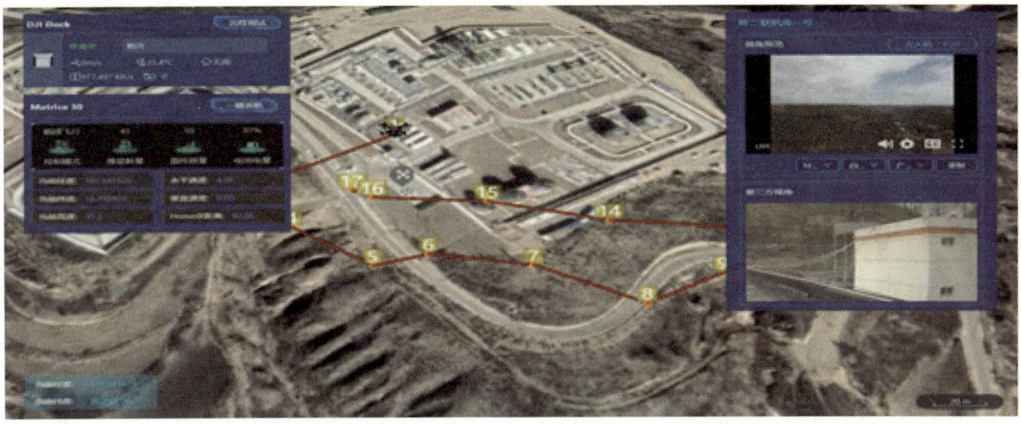

图2　无人机巡检平台——作业监控

图3　无人机巡检平台——成果管理

3.3 第三阶段：试运营无人机规模化作业

第三阶段，实现无人机智能巡检平台开发部署，航路规划，以及无人机外业试飞应用，并推动无人机规模化作业。通过平台生成航路后，先对其进行系统仿真飞行来验证航路的安全性，将生成的有序航路点导入飞控，无人机依据既定航路自主飞行巡检。

通过调研选择公路运营管理路段，投入实际使用，优化迭代。完善系统平台，导入公路已有的 GIS 信息、道路台账信息等，实现照片、病害准确定位；建设无人机病害处理流程，电子化、信息化流转。

制定标准，优化完善现有公路巡检体系，补充无人机技术手段，利用无人机搭载平台，融合激光雷达、可见光、红外等传感器技术，开发针对公路巡检应用的内外业信息化工具，着力解决困难区域人工巡检困难问题。

阶段成果：

2023 年，数字绿土以无人机智能巡检平台为核心，依托多组无人机机场等智能装备，实现陕西项目的公路、边坡、设施的无人化智能巡检和规模应用。

4．市场应用及未来展望

4.1 市场应用

在内蒙古公路养护项目中，成功应用无人机巡检平台，对指定路段进行自动巡检验证，实现了道路边坡病害、抛洒物、车辆占道等自动识别和病害流转。

在福建高速公路无人机组网遥感智能巡检项目中，利用该方案支持高速公路数字孪生底座构建、巡检系统平台建设工作，给传统养护插上科技的“翅膀”，全面拓展高速公路巡检工作的深度和广度。

在油气行业巡检项目中，以无人机智能管控平台为核心，基于机巢、无人机、地理信息、人工智能等新兴技术，实现场站、井场、管道的无人化智能巡检，打造智能无人值守场站新应用，提高巡检效率和准确性，降低设备故障和事故发生概率，保障生产设备的稳定运行和生产安全。

4.2 未来展望

针对公路无人机巡检业务，实现大规模公路巡检无人化，充分利用无人机自动化与集成化高的优势，建设一个无人机高速公路智能巡检网络，以指挥大厅为主中心，各路段养护管理机构为分中心，各路段所辖服务区为节点的三级养护监管体系，全面实现全域范围内公路无人化、自动化巡检能力，实现突发事件迅捷响应，重点监测区域日常巡检，有效提升路面、隧道顶部、桥梁、边坡等区域病害快速自动自主巡检与检测技术能力，推动智慧养护、智慧交管等技术体系建设。

通过积累各类缺陷样本数量，改进深度学习、图像处理算法，利用 AI 识别计算并自动识别对应的事件、隐患等各类事件，有效提高单体智能识别精度、总体精度。

搭建通用巡检平台，实现交通、油气、电力各行业巡检应用，开发 SDK 软件工具包，实现定制功能快速开发，巡检场景快速切换，行业需求快速应用。

利用数字绿土激光雷达技术优势，将无人机与智能激光雷达吊舱智能融合，发挥点云算法优势，提高边缘计算、点云实时解算、分析等能力，丰富巡检采集的数据类型，快速分析，实时识别巡检病害和缺陷，最终为行业巡检业务赋能，提供更快速、高效、智能的巡检闭环问题处置流程。

编委会点评

社会价值：

激光雷达在三维环境高精度重建的应用优势显著，其商业化进程发展迅猛，在工业测量、环境测绘、辅助驾驶等诸多领域均实现了广泛的产业突破。近年来，随着智能化驱动力的逐步加强，激光雷达在无人机、无人驾驶车辆等方向上的应用前景也极为可观。同时，激光雷达系统在市场上百家争鸣，产业生态布局成为竞争关键，如欲脱颖而出需要具备较强的产业协同能力与创新场景能力。随着技术路径与市场路径的成熟，其渗透率有望持续提高，获得较为广阔的市场前景。

创新价值：

数字绿土无人机公路巡检解决方案，为道路数字孪生管理、资产管理、航线规划、巡检作业监控、病害 AI 识别、成果管理等提供了高效的无人化系统工具，具备产业应用创新价值，为激光雷达在传统测绘视角之外的商业化突破奠定了基础，进一步促进了激光雷达系统应用的普及。同时，数字绿土强化了“自动识别模型预训练”，及时应对道路安全隐患，通过智能科技的成熟运用及完整的商业化解决方案提升产业服务能力。

京东工业：
全链路数智化工业供应链改造传统产业供需模式

摘要：北京京东数智工业科技有限公司（以下简称：京东工业）建立数智化供应链模式，将产业链上下游像“神经网络”一样紧密连接起来，形成不同于传统工业供应链的精益运营模式。一方面有效减少过去因信息错配而为产业链各环节带来的额外成本，一方面将过往分散的产业链转变为“万仓合一、万单合一”的供应网，实现产业资源的智能调度，显著提升社会化资源的协同效率。

关键词：工业互联网　数智化　工业供应链

1. 背景说明

1.1 行业痛点

从整体上分析，传统工业品供应链通过渠道逐级下探，存在信息不透明、效率低、成本高、韧性差等诸多问题，具体痛点可从供应端、需求端视角进行深入分析。

供应端存在如下痛点：

1. 成本较高：线下渠道为主，分销体系链路长、环节多、效率低、价格不透明；MRO 等长尾型工业品，下游企业需求分散，议价能力弱，成本高。

2. 效率较低：中国工业化、信息化基础整体薄弱，缺乏成熟的数字化转型方案；企业数字化转型切入点众多，信息系统、采购管理、仓储物流等系统互不相通，造成管理的“信息孤岛”，全链条协同效率低。

3. 运营繁复：工业品品类繁杂，规格参数不统一，长尾商品多，供应商管理费时费力；工业企业地域覆盖广、履约时效差、涉及场景多、运营难度大、缺乏统一的运营和管理体系。

需求端存在如下痛点：

1. 库存管理难度高：库存周转率低，库存持有成本高；库存管理可视化程度偏低，管理不专业；大量呆滞库存，资产流失。

2. 数字化转型速度慢：传统行业数字化升级速度缓慢，需要专业的、数字化能力强的供应商进行技术对接和降本增效方案执行。

3. 不可控风险较高：企业针对一些非关键的进口物料，亟须进行国产化替代，以保证自身成本降低、货期缩短、对抗供应链交付风险的能力提高。

1.2 宏观形势

同时，工业产业还存在总体环境发展不稳定等隐患，例如国际形势复杂，全球化的分工协同大环境受冲击，产业链断链风险加剧；疫情对生产和流通的影响，导致产业供应链抗风险水平降低等。

面对以上行业发展现状，工业互联网作为新一代信息技术与制造业融合发展的新型基础设施，是工业资源泛在连接、弹性供给、高效配置的关键载体，能有效实现各种生产和服务资源在更大范围、更高效率、更加精准的优化配置，是实现工业企业及其产业链数智化转型的重要引擎。

图 1　全链路数智化工业供应链体系

2. 创新描述

京东工业将工业互联网平台作为打造面向未来数智化社会化供应链的数实融合基础设施、拉通需求侧和供给侧、连接产业链上下游的关键载体，利用京东工业沉淀的核心技术和供应链能力帮助合作伙伴降低流通成本、提升经营效率。一方面是京东的禀赋，京东集团一直坚持做基础设施的底层能力建设、供应链能力建设，使京东对供应链有强大的积累和深刻的理解；另一方面供应链具有更强的普适性，供应链是工业企业生产经营的共性环节，应用场景更广，工业互联网在供应链领域能够为整个产业创造更大价值。

在工业品数智化供应链建设中，京东工业不断沉淀总结、打造了“四个数字化”创新点，并形成核心能力——商品数字化、采购数字化、履约数字化和运营数字化。

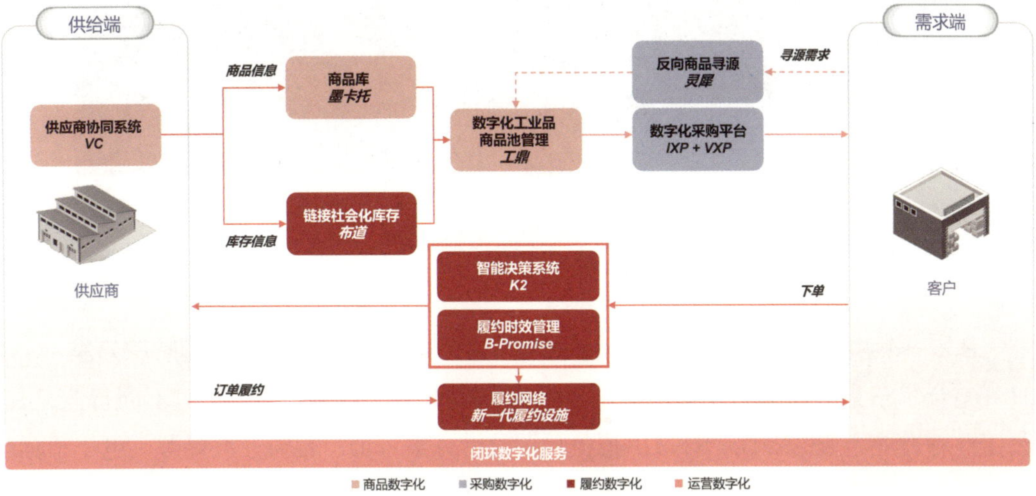

图 2　闭环数字化服务

2.1 商品数字化：通过统一产业链的“话语体系”解决目前产品参数混乱、行业属性不全等问题

“墨卡托”工业品标准商品库结合京东大数据和人工智能技术，以及各品类头部品牌商的专家经验，通过对海量工业品数据进行数据清洗和知识抽取，构建出工业品知识图谱。基于“墨卡托”工业品标准商品库，行业能够搭建一套更加完备的工业品标准化分类和商品体系，有效解决行业现有体系产品信息和参数不统一、行业属性不全的问题，为工业品供应链上下游企业互联互通奠定数据基础。

在实际应用中，“墨卡托”工业品标准商品库可帮助诸多企业摆脱低效的人工筛选模式，通过输入所需产品的规格参数，即可实现自动精准选型，实现从“人找货”到“系统找货”的跃迁。

图 3　智能化服务

2.2 采购数字化：推出多元产品矩阵，为全量企业提供专属采购解决方案

整合京东集团在电商、供应链、金融等方面长期积累的优势，针对不同行业尤其是工业制造业企业的特性，打造出覆盖顶层设计方案咨询、智能开放寻源、电子招标、生产物资和非生产物资采购交易、运营管理及服务等全流程一体化采购解决方案，打破采购各环节壁垒，带动产业链的全方位智能化发展。

2.3 履约数字化：实现万仓合一、万单合一，为企业“决策”最优价值的履约交付

从履约决策、寻源决策两大关键部分，以成本、库存、时效、服务、账期、商家评级等多维度决策因子入手，基于庞大的商品数据库、丰富的产业链资源以及算法优势，实现“万仓合一”“万单合一”，为企业快速定制包括选品、交付、服务等供应链最优价值综合履约方案，帮助工业企业攻克弹性与效率的平衡难题。

在履约末端网络矩阵中，京东工业围绕客户的多场景业务需求，构建了丰富的末端基础设施，确保“最后一公里”的交付质量。

1. 企配中心：支撑打造京东工业 To B 配送最后一公里交付能力，企业客户订单在此实现集货，并提供客户所需的其他增值服务，满足企业客户交付需求，保障服务质量。

2. 前置仓：将客户常备物资前置库存，并与客户采购系统和计划系统打通，客户下单后即时配送，有效降低客户库存，满足客户的即时和准时履约的需要。

3. 智能终端：为企业生产运营所需的消耗类 MRO 物料提供智能的、实时的、可控的交付与管理设备和智能履约体系。

4. 移动仓：为地处偏远的工业企业打造可移动智能解决方案，支持先领用后补订单，及时响应客户需求，同时平台侧定期铺货补货，确保移动仓时时有货。

2.4 运营数字化：保障落地支撑，打造数字化服务闭环

通过 PPSA（Plan Performance Service Analysis）的采购运营解决方案，为企业客户提供从采购计划、预算、交易到服务的全链条数字化运营服务，协助企业完成内部合理管控。在运营方案设计中，从智能结算、金融服务、智能客服、安心售后等方面提供高效贴心的服务支持。

3. 项目成果

京东工业以工业互联网平台为基础底座打造工业品数智化供应链能力，切实助力诸多工业企业客户有效提升供应链效率，优化供应链流程，提升供应链韧性。

3.1 案例一：华能集团

华能集团是发电装机容量世界第二、亚洲第一的世界 500 强能源企业。2022 年华能集团开展“华能电子商城 3.0”建设，并选择同京东工业在供应链管理上开展深度合作。其中，在履约交付环节，双方将在全国搭建一系列企配中心。企配中心是京东工业推出的新一代基础设施，能够依托智能供应链决策体系链接品牌厂商、第三方物流以及华能集团各分子公司，将履约过程中的分散包裹整合后统一配送，实现“万单合一”。

除此之外，京东工业还发挥供应链管理经验，提供履约咨询服务，协助华能集团根据地理特点，制定社会物流妥投时效评估标准，进一步强化华能集团对履约交付过程的管控。

3.2 案例二：鞍钢集团

在同“中国钢铁工业摇篮”——鞍钢集团的合作中，京东工业就与德邻陆港在鞍钢产业园区旁为鞍钢集团共同量身定制了“德邻工业品企配中心”。过去，由于常规物

流不允许进入鞍钢生产基地，大量的工业品只能先送达基地外围的库房、场地，再经由鞍钢旗下的专业物流——鞍钢快递完成“最后一公里”的配送。而这一“中转”仅仅依赖纸质的快递单进行识别、管理，再通过人工进行分拣、妥投，不仅集单效率低，而且很容易导致错送、漏送的情况发生。“德邻工业品企配中心”建成后，鞍钢集团能够利用数字技术对所有包裹进行集单，再由鞍钢快递实现集中配送，大大提高履约交付质量和效率。

3.3 案例三：中广核某核电站

2022 年 4 月初，中广核某核电站启动了新一轮换料大修。这是核电站最重要的时刻之一，主要解决设备潜在隐患缺陷，为机组安全稳定运行提供保障。

对核电站而言，大修每延迟 1 小时就意味着近百万元的经济损失，项目团队亟须在最短时间找到新的供应链替代方案。而在接到中广核的紧急采购需求后，京东工业团队迅速启动全国寻源并确认了周边地区的数个供应商拥有充足数量的现货库存。当地的京东工业企配中心也在收到第三方物流服务商送达的断路器订单后，第一时间完成验收，并通过提前部署的专人专车向该核电站完成如期交付。从发起采购需求、供应商寻源到履约交付，整个过程用了不到 72 小时。

3.4 案例四：山东黄金

山东黄金有大量矿山与冶炼厂分布在青海、海南等地区，物资配送往往需要多次流转。合作后，京东工业帮助山东黄金打通了全国各地品牌厂商、第三方供应商以及属地服务商的现货及期货库存，通过系统智能决策最优价值交付路径实施统一调度，从源头上减少商品端到端之间的搬运次数和仓储时间。在前期试点项目中，京东工业服务山东黄金成功将履约及时交付率大幅提升，综合成本降低 22%。

3.5 案例五：中力机械

浙江中力机械股份有限公司是国内知名叉车品牌。疫情期间，每一次物流转运过程中，不仅要耗费更多的人力和物力，还会加大交付过程中的不确定性。与京东工业合作建立数字化协同机制后，中力机械能够打通浙江安吉、江苏靖江、杭州富阳、湖北襄阳等基地的仓配资源，结合各地的疫情防控措施，从可行性、成本、时效等多维度自动决策最优价值交付路径以实现统一调度，从源头上减少商品从品牌仓到客户仓之间的“物流转运次数”“物流总距离”。

4．市场应用及展望

伴随着工业互联网平台在供应链领域的深化应用，供应链的效率和韧性都能得到大幅提升。一方面，企业能够快速构建覆盖全国的寻源能力，加速将供应链升级为供应网，即使在遭遇突发情况时也能迅速找到替代方案，大幅提升供应链的抗风险能力；另一方面，工业互联网平台还能打通品牌厂商、第三方供应商以及属地服务商资源，结合可行性、成本、时效等多维度自动决策最优价值交付路径、优化资源配置效率，有效降低供应链的综合成本。

京东工业品数智化供应链发展下一阶段的重点，则是进一步夯实基础设施。

一是加强工业互联网标识建设。借助工业互联网标识解析系统，可以实现跨地域、跨行业、跨企业的信息查询和共享。具体到供应链领域，应重点关注标准商品库的建设，通过标识解析技术搭建一套更加完善的工业品标准化分类和商品体系，有效解决行业现有体系产品信息和参数不统一、行业属性不全的问题，为工业品供应链上下游企业互联互通奠定数据基础。

二是完善履约交付基础设施。由于工业产业的特殊性，要将“数字指令”在工业生产现场高效执行，不仅需要解决技术问题，还需要解决更多物理层面的问题。例如，工业制造业企业多分布于地域偏远地区，履约难度极高。同时在交付过程中还会涉及大量不同的品牌厂商、第三方供应商以及属地服务商，需要推动社会商家库存信息的数字化链接和全渠道库存的数字化共享，进一步释放“万仓合一”“万单合一”带来的数字化价值。

未来，京东工业将持续发挥供应链方面的优势，促进工业互联网＋工业品供应链创新发展和生态繁荣。

编委会点评

社会价值：

数字化供应链是当前工业互联网应用的一个主要领域，工业产业供应链环节众多、复杂度高、改造难度大，如何有效地将数字技术应用其中并为企业和行业创造价值一直是行业关注的课题。从供应链的角度做数字化，本质就是先进的数字技术和现代的生产组织方式的有机结合。工业互联网是大数据、人工智能、区块链等数字技术的有机融合平台，将工业互联网和现代供应链的组织方式有机结合，可以推动我国供应链数字化的发展进程，并形成助推多种产业发展的的价值创造能力。

创新价值：

京东工业通过全链路工业供应链的数字化改造与赋能，颠覆了传统的工业供应链管理体系，为工业供应链实现降本增效奠定了关键基础。传统的工业供应链渠道体系复杂，价值链环节众多，成本高、效率低，管理条线错综交织。既往价值链各环节之间的效率优化更多是基于单一品类和小范围的局部改进，总体效果不佳。京东工业以数智技术链接供需两端，实现了万仓合一、万单合一，基于智能算法进行全局调度、自动决策来达成最优履约路径，为工业的数智化转型提供了高效的解决方案。

三一重工：智能制造引领新一代“灯塔工厂”

摘要：作为中国重型装备领域的标杆，三一重工股份有限公司（以下简称：三一重工）以其长沙 18 号工厂和北京桩机工厂成为智能制造应用基础的典范。抓住机遇实施数智化、低碳化战略，将互联网、物联网、大数据、人工智能、新能源等新兴科技与实体经济相融合打造创新实践，拓宽工程机械行业商业边界。充分利用柔性自动化生产、人工智能和规模化的 IIoT（工业物联网），建立数字化柔性的重型设备制造系统。

关键词：智能制造　工业互联网　数智化转型

1. 背景说明

1.1 政策背景：国家大力推进智能制造，出台系列政策规划

2010 年，国务院印发《关于加快培育和发展战略性新兴产业的决定》，[1] 这是我国智能制造的划时代政策文件。对于高端装备制造产业，强化基础配套能力，积极发展以数字化、柔性化及系统集成技术为核心的智能制造装备。

2016 年，工信部等联合印发《智能制造发展规划（2016—2020 年）》，[2] 提出将发展智能制造作为长期坚持的战略任务，以构建新型制造体系为目标，以实施智能制造工程为重要抓手，着力提升关键技术装备安全可控能力，着力增强软件、标准等基础支撑能力，着力提升集成应用水平，着力探索培育新模式，着力营造良好发展环境，为培育经济增长新动能、打造我国制造业竞争新优势、建设制造强国奠定扎实的基础。

[1] 国务院：《关于加快培育和发展战略性新兴产业的决定》，2010 年 10 月 18 日。
[2] 工业和信息化部、财政部：《智能制造发展规划（2016—2020 年）》，2016 年 12 月 8 日。

2021年4月14日，工信部会同有关部门起草了《“十四五”智能制造发展规划》[1]（征求意见稿），面向社会公开征求意见。从设计、材料、生产制造、装备、供应、管理、标准以及相关软件、硬件等方面，提出了重点任务和明确的目标。提出了“六大行动”，即智能制造技术攻关行动、智能制造示范工厂建设行动、行业智能化改造升级行动、智能制造装备创新发展行动、工业软件突破提升行动、智能制造标准领航行动。提出了“两大目标”，即到2025年，规模以上制造业企业大部分实现数字化、网络化，重点行业骨干企业初步应用智能化。

1.2 行业痛点：市场竞争加剧，亟须以客户为中心绿色转型

工程机械制造行业面临着一系列严峻的痛点和挑战。

第一，国际国内竞争日益激烈，市场环境复杂多变。随着全球化和市场经济的发展，来自国内外的竞争对手不断涌现，使企业在市场中争夺份额变得更加艰难。市场需求的快速变化和客户口味的多样化也增加了企业经营的不确定性。同时，制造业企业的数字化转型，依赖于先进制造装备和工业数字化软件的持续投入，是一项长周期、高投入的工作，因此，一大批制造业企业，较为普遍地存在着数字化转型“不敢转、不能转”的问题。

第二，客户需求日益个性化和定制化，要求更高质量、更快速地更新换代。现代消费者对产品的需求越来越个性化，要求产品能够满足其特定的使用场景和功能。客户对产品质量、性能和交付时间的要求也越来越高，对企业的产品研发和生产能力提出了更大的挑战。

第三，绿色环保要求不断提高，节能减排压力加大。环保问题成为全球关注的焦点，各国政府对企业的环保要求越来越严格，包括节能减排、资源循环利用等方面。工程机械制造企业必须积极响应绿色环保的号召，采用更加环保的生产工艺和材料，推动产业绿色转型。

第四，服务要求持续增长，需要提供全生命周期服务。现代客户对产品的服务需求越来越高，不仅仅是购买产品，还包括售前咨询、售后服务、维护保养等方面的全生命周期服务。为了满足客户的要求，企业需要构建完善的服务体系，提高服务质量和效率。

[1] 工业和信息化部等：《“十四五”智能制造发展规划》（征求意见稿），2021年4月14日。

2. 创新描述

三一重工是一个高度离散型制造企业，这种制造模式分散且独立，需要大量的人力物力，造成企业成本提高，这种制造模式显然不能满足企业高质量的发展需求。通过积极借助信息化时代的优势，导入智能制造模式，优化运行系统，提升设备生产制造能力，积极应对工程机械企业多品种、高效率、高质量、低成本方面的压力与挑战。

三一重工在各级政府的帮助和指导下，从 2019 年开始启动全球化、数智化、低碳化转型战略，并率先对长沙泵送十八号厂房（以下简称“18 号工厂”）、北京桩机工厂等全球 46 座工厂进行智能化改造升级，利用先进的工业互联网、人机协同等智能制造技术，大大提高劳动生产效率，长沙和北京工厂先后获得世界经济论坛认证的“灯塔工厂”、工信部首批智能制造标杆企业等荣誉称号。

其中 18 号工厂建筑面积超过 10 万平方米，是亚洲最大的工程机械制造单体生产厂房，有混凝土机械、路面机械、港口机械等多条装配线，是三一重工总装车间，年产能 300 亿元，生产的混凝土机械全球第一，港口机械中国第一。

图 1　三一长沙 18 号工厂——数字孪生机加线

2.1 “根云”工业互联网平台构建新体系

三一重工通过自研“根云”工业互联网平台，应用 5G 技术对人、机、物、系统等全面连接，构建覆盖产业链的制造与服务体系，实现数据实时采集、赋能生产和智能驱动，打造智能工厂数字底座，实现降本、提质、增效、绿色发展。

18 号工厂实现了从产品设计到交付的核心流程打通，具体包括以下几个方面。

数字化研发与协同：通过全三维环境下的数字化工厂建模平台、工业设计软件以及产品全生命周期管理系统的应用，实现产品研发过程的数字化，促进团队协同工作。

数据实时采集：传统网络通讯方式覆盖范围小、信号不稳定，难以满足智能应用需求，通过率先部署 5G 网络基础设施，探索 5G 与工业互联网深度融合。依托 5G 技术大带宽、广连接、低时延、高可靠等特性，将 500 台生产设备、传感器和 600 台水电油气工业仪表全部接入公司自研的“根云”工业互联网平台，覆盖焊接、涂装等全部工艺，实现远程实时数据采集、设备控制、故障诊断等功能。

多车间协同制造：在多车间协同制造环境下，实现计划与执行一体化，物流配送敏捷化，以及质量管控协同化，从而实现混流生产与个性化产品制造。同时，通过集成管理人、财、物、信息，提高生产效率与资源利用率。

数据智能驱动：工程机械生产模式属于离散制造，不同生产系统相互独立，成为数据孤岛，管理难度高。三一重工工业设备连接总数量 766202 台 / 套，覆盖集团下属 18 个产业园的 32 个子公司，其中工业设备涵盖 14 类工艺设备，包含如仓储物流、成型、机加、焊接、涂装、下料、装配、工序流转等设备。数字设备比例 99.7%，远超国内企业不足 50% 的数字化率。

智能装备应用：引入自动化立体库 /AGV、自动上下料等智能装备，对设备进行 M2M 智能化改造，实现物与物、人与物之间的互联互通与信息握手，提高生产过程的智能化水平。

工业互联网络：基于物联网技术的多源异构数据采集和支持数字化车间全面集成的工业互联网络，驱动部门业务协同与各应用深度集成，增强工厂内部各个环节之间的连接和信息交换。

柔性定制生产，兼顾个性与规模：三一重工通过对传统产线进行数智化升级，依托大数据及智能化设备，研发定制化生产控制系统、视觉识别系统，根据产品订单要求快速调整产线，使一条产线同时生产多种机型，提高产线效率及工艺兼容性，实现柔性定制生产。

2.2 三维仿真数字规划优化新方案

通过对整个生产工艺流程建模，在虚拟场景中试生产，优化规划方案。在规划层面的仿真模型实验过程中实现产能分析与评估，通过预测未来可能的市场需求，动态模拟厂房生产系统的响应能力；在装配计划层面的仿真模型中，通过仿真实验进行节拍平衡分析与优化，规划最优的装配任务和资源配置。

2.3 工业物联网智能升级新产线

利用智能装备实现生产过程自动化、机器换人，提升生产效率；同时搭建工业生产物联网，通过网络连入机台，实现机台的生产信息采集、机台互联，以及自动控制与数据传输，使机台使用率最大化。

基于物联网平台集成的现场设备数据、生产管理数据和外部数据，运用机器学习、人工智能等大数据分析与挖掘技术，建立产品、工艺、设备、产线等数字化模型，提供生产工艺与流程优化、设备预测性维护、智能排产等新型工业应用。

2.4 公共资源定位系统统筹新管理

公共资源定位系统是 18 号工厂的一个重要支撑。公共制造资源定位平台在融合不同的定位方式并满足不同的业务需求的同时，实现基础设施的共用，达到减少重复建设、提高基础设施利用率的目的。

通过物联网技术实现对“人、机、料、法、环”等生产环境和生产资源的“三现”实时定位、追踪与监控；实时获取物料和运输工具的状态和位置等信息，并可以通过对这些信息的分析实现对物料的高效调度；综合运用 WSN、RFID 和 GPS 等多种定位技术，满足不同制造资源的定位需求。

2.5 智能仓储物流自动化新作业

智能化立体仓库和物流运输系统实现泵车、拖泵、车载泵装配线及部装线所需物料的暂存、拣选、配盘功能，并与 AGV 配套，实现工位物料自动配送至各个工位。

仓储模式采用自动化立体仓库存储（主要储存中小件）+ 垂直升降库存储（主要储存小件）+ 平面仓库储存（主要储存大件等其他特殊物资），配合全自动化的 AGV 小车，把工人从繁复的运输工作中解放出来，使装配区内整个物流通畅有序，改变将近总量 30% 的物料种类的储存和出入库作业模式，很大程度缓和了自动化立体仓库的出入库作业压力，有效提高了整个系统的作业能力。

3. 项目运作节奏

18 号工厂是亚洲最大的智能化制造车间之一。该工厂基于工业互联网平台，目前已经实现全部 9 大工艺和 32 个典型场景的“智能制造”。为实现这一目标，工厂充分利用了柔性自动化生产、人工智能和规模化的工业物联网（IIoT）技术，建立了数字化柔性的重型设备制造系统。在这个系统的支持下，各生产环节都得以实现自动化和信息化，从而提高了整个生产过程的效率和质量。18 号工厂从产品设计 → 工艺 → 工厂规划 → 生产 → 交付，打通产品到交付的核心流程。

3.1 第一阶段：生产计划智能设计与排产

18 号工厂从计划源头上着重确保生产计划的科学化和精准化。为实现这一目标，工厂集成了 MES 系统与 ERP 系统，实现了客户订单从下达到生产制造、产品交付以及售后追踪的全流程信息化。通过这种集成，生产制造现场与客户之间实现了实时交互，使客户的个性化需求能第一时间传达到计划、制造、商务等相关部门。这种信息化的实现，让制造人员可以直接按照客户的要求进行快速生产和交付，同时客户也可以随时了解所购买设备的生产进度。这使得生产计划更加贴近客户需求，大大缩短了生产周期，并提高了客户满意度。

通过智能化改造，厂内物流、装配和质检等各个环节实现了自动化，整个生产过程更加高效和精密。订单可以逐级快速精准地分解至每个工位，这使得工厂能够以惊人的速度实现一小时下线一台泵车的生产能力。

3.2 第二阶段：智能生产过程协同

18 号工厂通过打通产品从设计、工艺、工厂规划、生产到交付的核心流程，实现了生产全过程的数字化和智能化。

为了实现这一目标，三一重工利用 18 号工厂的数字化建设，引进或自主研发了一大批先进的硬件设备和软件系统。其中包括自主研发的先进制造执行系统（MES）和智能仓储物流系统等。

在生产现场，MES 系统成为主线，辅助智能派工、现场 LED 看板等可视化信息。通过集成化计划、物流、质量等控制系统，MES 系统实现了从生产计划下达、物料配送、作业标准查询、质量管理等多个维度的在线管控。这使得生产过程能够实现实时的人员、资源调度，同时实现了生产制造现场与生产管控中心的实时交互。

3.3 第三阶段：互联设备实时管控

工厂搭建了设备互联系统，监测每台机器的运行情况，实现生产现场的实时管理和监控。引进了智能化的工装设备和机器人，包括上下料、分拣、成型、焊接、喷涂、检测、清丝、打磨、拧紧等多类机器人和高速智能行车，载重 AGV 等智能化装备。同时，搭建了工业生产物联网，实现机台之间的生产信息采集、机台互联，以及自动控制与数据传输，最大化机台使用率。

通过自动化改造，工厂建立了自动下料成型生产线，实现从钢板到零部件的全流程无人自动化生产。钢板的切割和分拣由拥有 3D 视觉的 AI 机器人负责，精度和效率显著提高。在装配中心，机器人取代了传统的手工操作，大大提高了装配效率。

针对焊接和涂装等难题，工厂引入全新的视觉信息系统，实现了自动光线补偿、零件形态识别和自适应拼装和焊接。涂装过程中，该系统自动完成表面清理和喷涂，提高了效率。

3.4 第四阶段：生产资源智能管控

三一重工在 18 号工厂中引入了车间智能监控网络和刀具管理系统、公共制造资源定位与物料跟踪管理系统。

公共资源定位系统成为该工厂的重要支撑，通过物联网技术实现了对在制品、叉车、人员、设备资源的实时定位、追踪与监控。这使得工厂能够实时获取物料和运输工具的状态和位置等信息，从而实现对物料的高效调度。工厂使用多种定位技术如 WSN、RFID 和 GPS 等，满足不同制造资源的定位需求，提高了整个生产过程的灵活性和效率。而通过基于工业区块链的智慧碳排放管理平台（iCEP），工厂管理者可以透过可视化大屏轻松掌握数万台设备的用能、用水和气体排放情况，实现源头管控、过程管控和末端治理，持续降低碳排放强度和成本。

在智能立体仓库方面，工厂建设了总占地面积 9000 平方米的智能立体仓库，投资额达 6000 万元，仓库容量约 1.6 万个货位。该仓库配备智能化立体仓库和物流运输系统，可以实现泵车、拖泵、车载泵装配线及部装线所需物料的暂存、拣选、配盘功能。整个物流系统能够实现 10 万种不同类型零件的自动搬运和上下料，准时交货率高达 99.2%。配套 AGV 实现工位物料的自动配送，减轻了工人的运输工作，提高了整个系统的作业能力。

3.5 第五阶段：智能生产质量控制

18 号工厂实现了质检数字化，涵盖了供应商送货、零件制造、整机装配、售后服务等全生命周期的质检，并通过 SPC 分析、质量追溯等功能提高了质检效率。质检员使用工业级平板电脑和 PDA 实现图形化质检，提高了质检项图形化率和质检电子化率。

工厂利用 MES 检验结果和质量问题数据录入终端设备，标准化、电子化每一个检验项目，实现异常检测和不合格处理流程。通过数据录入，产品质量可追溯，包括自制件和供应商提供的零部件。

工厂拥有 PCC 生产控制中心，集成了 PDM、ERP、CRM、MES 等应用系统，实现订单执行与生产现场的集中管理与调度。通过大数据分析与决策支持，实现对生产过程中的全要素数据的实时掌握和监控，从而保证生产现场的安全和高效运行。

图 2　三一长沙 18 号工厂——组对焊接线

4．市场应用及未来展望

4.1 其他灯塔工厂：三一重工北京桩机工厂

三一重工北京桩机工厂（以下简称“三一桩机工厂”）占地面积 4 万平方米，是全球最大的桩工机械制造基地。2019 年，该工厂成为三一集团首个数字化转型试点和灯塔工厂示范基地，启动智能制造升级改造。2021 年 9 月，三一桩机工厂被世界经济论坛评为全球首家重工业智能制造“灯塔工厂”。

面对多品种、小批量的工程机械市场不断变化、日益复杂的需求，三一桩机工厂通过数字化改造，实现柔性智能制造，建立 8 个柔性工作中心、16 条智能生产线，使

375 台主要生产设备实现网络互联。工厂还建立了工业互联网平台，实现生产要素数字化管理。

三一桩机工厂利用先进的人机协同、自动化、人工智能和物联网技术，将劳动生产率提高到 85%，将生产周期从 30 天缩短至 7 天，减少了 77%；同时，产能也得到大幅提升，人均产值达到 1072.8 万元，位居全球重工业前列。这充分表明，三一桩机工厂通过数字化、智能化转型，成功实现柔性制造，效率大幅提升。

图 3　三一桩机工厂——自动化物流和立体库

4.2 数智化拓展

4.2.1 智能装备

全球首台 5G 遥控挖掘机、无人起重机、无人压路机和无人搅拌车等智能化设备在三一重工相继下线，引领行业进入智能时代。其中，三一重工 5G 挖掘机已在河南等地投入使用，是全球工程机械行业第一个 5G 应用落地的案例。

4.2.2 智能运营

三一重工将智能化广泛应用于营销服务、制造商务、研发创新三大核心业务流程，以及人力资源、财务两大支撑流程全面信息化，搭建了互联网营销、智能供应链、智能设计等体系。

4.2.3 智能服务

通过对 60 多万台海量设备的工况等状态进行数据分析，打造了业内著名的三一“挖掘机指数”，在实现智能服务的同时，为中国宏观经济发展走势提供了判断依据。目前，三一重工每半个月向国家相关机构报送一次数据。

图 4　三一桩机工厂——自动钻杆焊接线

4.3 未来展望

截至 2022 年，三一重工已投资超过 120 亿元，在长沙、昆山、重庆等产业园先后启动 46 个智能制造“灯塔工厂”及智能产线项目，实现近万台生产设备、10 多万种物料的实时互联，各关键生产环节无人化、智能化大幅提升，助推企业人均产值迈进世界一流行列。

通过全球灯塔工厂网络技术扩展和经验分享，三一重工希望致力于智能产品、智能制造、智能运营的数智化转型，成为全球工程机械行业智能制造标杆。

未来，三一重工的智能产线将实现自主决策，自动制定生产计划、调度工人、管理生产要素，真正打通研发、营销和服务，实现产品全生命周期的数字化。

编委会点评

社会价值：

智能制造可提高制造企业生产效率、降低生产成本、提高产品质量，进而在市场中赢得更多发展优势。作为重要支柱产业，制造业的数智化全面转型升级将为我国经济增长做出积极贡献。其中核心企业积极加强自主创新，将减少核心技术进口依赖，进一步提升国际化竞争力，促进制造产业的自主可控发展。同时，智能制造将实现智慧化管控，在生产环节中更容易统一实现节能减排，利用智联技术和智能装备，实时监测能源消耗和环保措施，推动绿色可持续发展。

创新价值：

三一重工通过智能制造全流程重塑，为产品设计、生产到交付的全过程实现了数字化，应用工业互联网、三维仿真、智能管理、智能仓储等综合数智化升级方式，提高了生产效率和资源配置的优化，实现了个性化定制生产，为客户提供更优质的产品和服务。引入工业互联网技术、5G、人工智能等新兴科技，使生产过程智能化水平提高，智能装备应用和智慧立体仓库等措施实现了自动化生产和物流运输。同时，三一重工实现了对生产过程的实时监控和数据分析，为生产控制和质量管控提供了重要支持，提高了决策的科学性和准确性。

风帆储能：
智能组串式储能系统变革产业精准管理

摘要：风帆储能科技有限公司（以下简称：风帆储能）在智能组串式储能系统领域持续创新，成功突破了行业难题，实现电池精准化管理，大幅提升系统安全性与使用寿命。通过材料创新、算法创新、工程创新等多维度技术革新，智能组串式储能系统助力储能行业实现产业升级，引领行业向更高可靠性、更长寿命的方向转型。

关键词：储能系统　电池管理　新能源

1. 背景说明

1.1 政策背景

1.1.1 国家高度重视储能技术发展，纳入多个发展规划

2020年，中国提出“二氧化碳排放力争于2030年前达到峰值，努力争取2060年前实现碳中和”的“双碳”目标。为实现这一目标，国家出台了一系列政策支持新能源发展。与此同时，随着新能源规模化发展，其间歇性和波动性特征导致电网稳定运行面临挑战。作为平抑新能源波动的关键技术，储能系统及相关技术被纳入《“十三五”国家战略性新兴产业发展规划》[1]《中国制造2025》[2]等多个国家发展规划，成为国家战略性新兴产业的重要组成部分。

1.1.2 出台行业政策性文件，明确储能产业发展路线图

继2017年国家发改委等五部委联合印发《关于促进储能技术与产业发展的指导意见》[3]以来，2019年6月，国家发改委、科技部、工信部和能源局联合印发《贯彻落实

[1] 国务院：《“十三五”国家战略性新兴产业发展规划》，2016年11月29日。
[2] 国务院：《中国制造2025》，2015年5月19日。
[3] 国家发改委等：《关于促进储能技术与产业发展的指导意见》，2017年10月12日。

〈关于促进储能技术与产业发展的指导意见〉2019—2020年行动计划》[1]，进一步提出“加强先进储能技术研发和智能制造升级，完善落实促进储能技术与产业发展的政策，推进储能项目示范和应用，加快推进储能标准化”等意见。这些文件从多角度明确了我国储能产业发展路线图。

1.1.3 电力体制改革与新能源政策推动储能系统规模化发展

自2020年起，配合我国新一轮电力体制改革，国家出台了多个相关配套文件。2021年8月，国家发改委、能源局发布《关于鼓励可再生能源发电企业自建或购买调峰能力增加并网规模的通知》[2]；同时，促进大规模可再生能源消纳利用和能源互联网推广发展的多项政策文件也将发展和利用储能系统作为重要的工作内容，为提高电力行业对储能系统的认知度、引导储能产业的规模化发展和应用。2021年来，超过20个省出台新能源并网配储能方案。

1.1.4“双碳”目标助推可再生能源＋储能技术跨越式发展

为实现“双碳”目标，2021年10月24日，国务院印发《2030年前碳达峰行动方案》[3]，方案提出“到2025年，新型储能装机容量达到3000万千瓦以上。到2030年，抽水蓄能电站装机容量达到1.2亿千瓦左右”，比目前的总装机规模分别增长10倍和4倍以上。国家电网近期也提出了未来10年公司经营区域内储能建设计划，到2030年抽水蓄能和新型储能装机都将分别达到100GW，投资约1万亿元。“十四五”和“十五五”期间南方电网将在公司经营区域内分别投产5GW和15GW抽水蓄能，以及分别投产20GW的新型储能。上述形势有力地推动了清洁能源、可再生能源、储能系统及技术的跨越式发展。

1.2 行业现状

1.2.1 全球新能源快速发展，直接带动储能设备需求增长

近年来，各国高度重视发展新能源，新能源装机容量快速增长。由于新能源具有间歇性等特点，无法保证持续稳定供应，因此带动了对储能设备和系统的迫切需求。

[1]国家发改委等:《贯彻落实〈关于促进储能技术与产业发展的指导意见〉2019—2020年行动计划》，2019年7月1日。

[2]国家发改委、国家能源局：《关于鼓励可再生能源发电企业自建或购买调峰能力增加并网规模的通知》，2021年8月10日。

[3]国务院：《2030年前碳达峰行动方案》，2021年10月24日。

储能设备能够将能源在生产时多余的部分储存起来，在停产时将储存起来的能量释放，提高了新能源的持续性。

全球多个国家在新能源领域进行了积极探索和布局，新能源装机占比持续增长。英国领跑能源结构性改革，2019 年新增储能系统与新能源的比例为 185%，大幅领先其他国家；美国储能市场发展较为成熟，已实现储能系统规模随新能源需求自动调整。受美国政策推动和市场力机制的引入，其新增储能设备装机量实现大规模上涨，2019 年美国新增储能装机量达 314MW，较 2013 年增长 528%；此外，澳大利亚具有丰富的风能、太阳能和核能等资源，新能源装机量占总装机的 15.5%，能源结构已经发生变化。

1.2.2 2030 年前储能技术将在新能源发电中发挥关键作用

储能市场是全球最具增长潜力的领域之一，在全球能源转型和可再生能源发电占比提升的背景下，预计储能系统将快速发展。据分析机构 Energy Aspects 预测，到 2023 年，储能设备及系统市场将达到 610 亿美元。根据国际能源署（IEA）的数据，到 2030 年全球可再生能源发电量将增长 13 倍，届时太阳能和风能将成为主要电力来源。在可再生能源发电占主导地位的情况下，储能技术将在其中发挥至关重要的作用。据预测，到 2025 年，全球储能系统成本预计将下降 26%，而到 2030 年将下降 39%。该机构还指出，由于储能技术的巨大潜力和成本下降潜力，储能市场在未来 5 年将出现强劲增长。

1.2.3 新能源发展叠加“双碳”目标，催生巨大储能市场

我国新能源发展迅速，2019 年新增装机容量达到 55.87GW，但储能产业仍处于起步阶段，2019 年新增储能设备只占总新增装机量的 0.95%，后续产业仍有较大的成长空间。

“双碳”目标使得构建新型电力系统势在必行，储能技术作为关键支撑，发展空间广阔。近年来，我国把促进新能源和清洁能源发展放在更加突出的位置，2023 年 3 月，我国非化石能源发电装机容量首次超过 50%，储能系统作为构建新型电力系统的重要支撑，对改善新能源电源的系统友好性、改善负荷需求特性、推动新能源大规模高质量发展起着关键作用。

1.2.4 电网侧储能投运规模增长迅速，独立储能项目占比最大

我国电网侧储能设备装机容量快速增长，2022 年同比增加 165.87%。其中，独立储能设备累计投运总能量在电网侧储能电站累计投运总能量中占比近 90%。电网侧储

能对电力系统运营具有重要支撑作用，未来将是重点发展方向。

1.3 行业痛点

储能行业现阶段普遍采用集中式储能系统，集中式储能系统存在着两大无法解决的痛点：一是不能实现磷酸铁锂电池单簇管理，单包、单体优化，极易产生电池过充过放现象，造成电芯个体一致性差距越来越大，甚至影响整簇、整个系统的容量下降，使电芯的整个生命周期缩短，达不到预期寿命；二是现有产品直流侧集装箱内温度分布不均衡，电池簇间工作温度相差10℃左右，造成电池内阻、自放电、充放电速率等指标也出现较大差异，从而影响电池寿命，影响整个系统体系的输出效率及寿命。这些难题制约着储能系统容量的进一步提升，也影响着产业实现更大规模应用。解决电池精准化管理是推动储能产业转型的关键所在。

2. 创新描述

储能行业现阶段逆变升压一体舱核心部件变流器主要为集中式变流器，风帆储能系统采用差异化创新模式，创新研发智能组串式解决方案，其核心部件采用组串式变流器加DC/DC簇控制器解决方案，可以实现电池精准化管理，显著提升系统安全性与使用寿命。主要优势包括：一方面，可以实现一包一优化、一簇一管理，提升电池生命周期充放电次数；另一方面，模块化设计实现储能设备高可用度，可单包维护，减少维护成本。

2.1 技术创新

采用组串式设计理念，每个电池组配备独立的双向变流器和DC/DC，进行单组精准管理，自主研发电池管理算法，实现电压测试分析、主动均衡、精准充放电控制，运用自主开发的模糊控制技术，使冷却液实现精确流量控制，电池温差控制在5℃内，结合故障预测和远程监控系统，智能分析运维风险，进行精准预警，模块化和标准化设计降低维护难度，实现热插拔更换。

2.2 模式创新

提供成功案例，解决行业共性难题，引入智能算法和远程运维理念，推动产业智能化升级。模块化和标准化设计可推广至全产业，降低系统集成难度，显著提升系统安全性与使用寿命，有力支撑大规模商业化应用，为产业链上下游提供技术体系和解决方案，促进协同创新。

2.2.1 采用组串式 PCS 结构，实现模块化设计

风帆储能系统在 PCS 部分采用了组串式结构，每个 PCS 的功率为 200KW，并实现了模块化的设计理念。这种设计使 PCS 便于运输和安装，可以根据实际需要进行灵活的组合，大大简化了系统集成难度。同时，PCS 采用了户外分布式安装方式，不需要占用集装箱内部空间，可以利用户外空间进行自然散热，从而提高了散热效果，延长了 PCS 的使用寿命。组串式模块化设计降低了单个 PCS 的功率等级，一旦出现局部故障，可快速定位并替换故障模块，缩短了系统停机时间，提高了可用性。

2.2.2 智能组串式储能系统集成解决方案

智能组串式储能电池舱与 PCS 的集成解决方案，再通过智能箱变接入升压站，并最终接入电网。该集成解决方案充分发挥组串式结构的优势，通过数字化智能平台实现了储能系统的智能化监控和管理，能够统一调度指令，优化系统运营，并能提供丰富的运维数据支撑系统维护。相比传统集中式架构，智能组串式解决方案更加灵活，容错性更强，便于未来的扩容与升级。

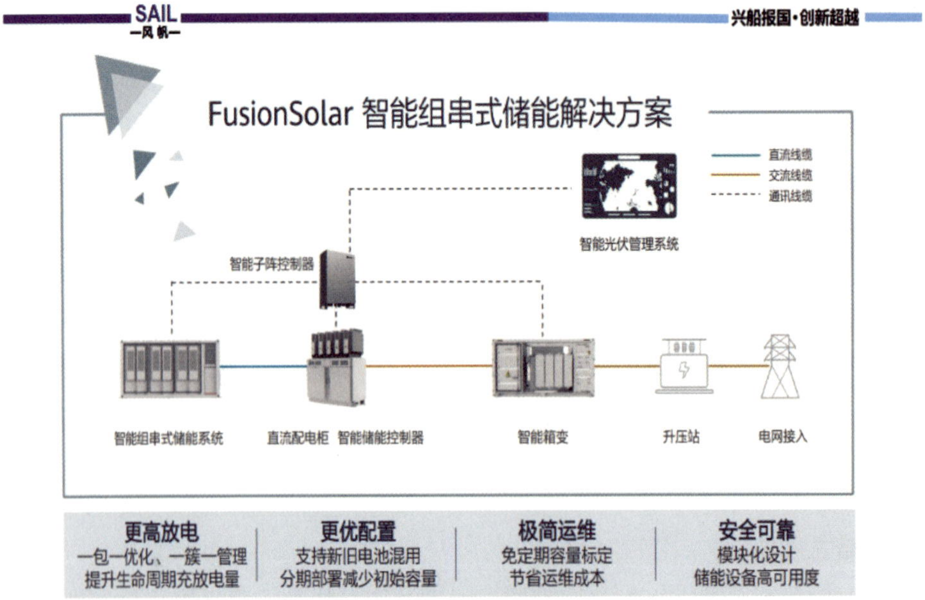

图 1　智能组串式储能解决方案

2.2.3 提供直流电池舱与逆变一体系统，多种组合满足不同需求

开发了可自由组合的直流电池舱和一体式智能组串式升压逆变系统。这套系统既可以作为独立的组串式储能站运行，也可以与光伏等其他系统进行集成，为不同用户提供多种选择。直流电池舱采用模块化设计，可按需增减电池容量。一体化系统降低了集成难度，提高了灵活性。

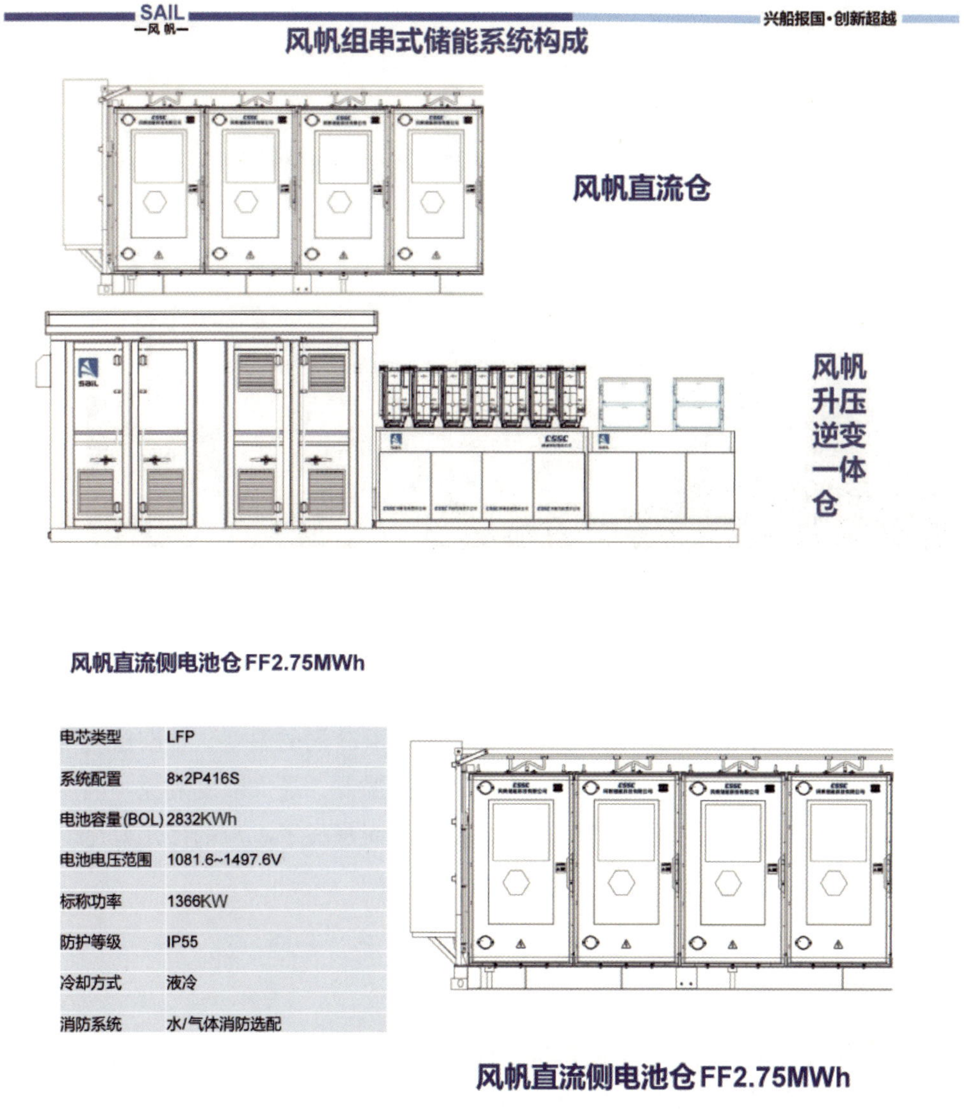

图 2　风帆组串式储能系统构成

2.2.4 自主研发电池精细化管理的核心部件

风帆自主研发了 DC/DC 簇管理单元和组串式 PCS 等核心部件，能够实现电池组的精准充放电控制，包括一包一优化和一簇一管理等创新理念。这些部件的创新设计是提高储能系统安全性、延长使用寿命的关键。自主研发核心部件也提升了产品的整体可控性，为后续产品升级提供了保障。

图 3　风帆直流侧电池仓

2.2.5 液冷技术实现电池舱精准智能温控

风帆储能系统采用先进的液冷技术，通过调节液冷剂的温度，精准控制每个电池单元的工作温度，有效减小了电池舱内不同区域的温差，最大限度避免了电池热失控的风险，保证电池能够在最佳工作温度下运行，从而延长了电池的使用寿命。相比传统风冷方案，液冷技术显著提升了散热效率和均匀性。

3. 项目运作节奏

针对行业的两大痛点进行了创新型设计，风帆开发具有自主知识产权、质量稳定可靠、核心部件全部国产化的智能化管理的组串式储能系统，突破了集中式储能过充过放，对电池充放电管理不到位的障碍；解决优化了电池舱室内各电芯之间、各簇间温度相差较大的问题，温度差缩小一半，基本实现了温度精准均衡管理。

当前，项目已经完成验收，并开始批量化生产，未来将进入产业化推广阶段。之后将依托现有国内、国际销售渠道进一步开展全球销售和市场推广，并建立集应用开发和培训于一体的服务体系。

3.1 第一阶段：完成行业痛点研究与分析

通过对行业内的现状调研，建立设计前的产品失效模式分析，通过行业内反馈的产品失效情况，分析失效原因，通过失效因素表分析找出其中的主要影响因素，对影响产品寿命周期的主要因素采取解决预案，开展并完成 DFMEA 设计（产品先期策划）。

3.2 第二阶段：完成组串式双向变流升压一体舱设计开发

根据研发分析解决预案，制定开发方案，采用组串式双向变流器 +DC/DC 实现单簇管理、单包优化，解决电池过充、过放的难题，前期研发人员对问题的总体解决方案提出框架大纲，对总体系统的上层结构进行掌控和把控，后期人员根据总体设计大纲分步实现其功能，根据技术要求对元器件进行定位、选型，进行优化组合，使产品稳定性好、可靠性高。

3.3 第三阶段：完成智能液冷温控直流侧集装箱设计开发

采用先进的液冷管理方式，来实现集装箱内温差小于 5℃ 的目标。经过分析与调研，采用液冷管道逐级分配，液冷温度智能调节设计的方案，来实现对电芯温度的精准控制，保证电池插箱温差控制在 3℃ 以内，簇级温差控制在 5℃ 以内，避免热失控的发生，保证电芯工作在安全的最佳状态。

3.4 第四阶段：实现智能组串式储能系统的小批量生产

产品历经了制定方案、产品设计、制作样品、样品检测及样品鉴定几个阶段，现已具备小批量生产的能力，在技术指标和质量指标上与国外同类产品在一定范围内开展竞争；通过小批量生产，完善各工序的作业指导书和检验文件，并根据示范应用和客户反馈进行必要改进与优化，完成对上述系统制作工艺的进一步优化、整合。

3.5 第五阶段：完善国内国际销售渠道，扩大智能组串式储能系统市场推广

依托产业化单位已有的市场基础，针对不同领域客户的需求特点，制定智能组串

式储能系统的销售策略，完善国内、国际销售渠道，扩大低温强磁综合物性测量仪市场推广，建立合理的销售管理机制。

3.6 第六阶段：建立并完善智能组串式储能系统应用开发、培训和服务体系

开展并总结智能组串式储能系统领域的应用，建立健全完善的产品应用及安装手册，完善智能组串式储能系统产品的质量控制，在产业化单位现有培训和服务系统的基础上，结合示范应用建立并健全智能组串式储能系统的培训和服务体系。

4. 市场应用及未来展望

4.1 市场应用

目前，本案例已应用于风帆储能投运的内蒙古风电配储项目之中，并投入运行，项目容量 30MW/60MWh，产品采用智能管控，对电池舱、PCS 升压一体舱并网后进行远程调度，对电网进行调峰、调频、削峰填谷等工作，以保证电网的稳定运营。

图 4　现场应用案例

4.2 未来展望

新型电力系统形态逐步由“源网荷”三要素向“源网荷储”四要素转变，多时间

尺度储能技术的规模化应用，推动解决新能源发电随机性、波动性、季节不均衡性带来的系统平衡问题。储能，是新型电力系统的重要组成部分，也是碳中和的核心。储能赛道尽管尚未挖掘出足够多的“宝藏”，却拥有近万亿元市场规模的潜力和确定性，正在成为资本必争之地，开启储能大时代。

风帆智能组串式储能系统的推出，标志着该公司在提供精准电池管理系统方面取得了重要技术突破。产品成功应用于实际电站，验证了商业化运营能力，将为产业升级提供可靠的技术范例。

4.2.1 推动储能产业向标准化方向发展

风帆智能组串式系统实现电池精准管理的技术理念和实现路径，可为储能产业提供标准化的技术参考模板，包括系统拓扑、控制算法、软硬件架构等。这将有助于降低行业技术门槛，使更多企业按照标准方案开展系统研发和集成，推动产业向模块化、标准化方向转型发展。

4.2.2 开启储能系统运维智能化新阶段

风帆智能组串式系统实现电池的远程监控、健康评估和故障预测，突破传统人工巡检的限制，进入运维智能时代。该公司还基于大数据和 AI 技术，建立精准的云端诊断与优化系统，可持续提升系统安全性与使用寿命，这为储能产业智能化转型提供了可借鉴的模式。

编委会点评

社会价值：

我国积极发展新能源，其中新型储能技术具有响应快、配置灵活、建设周期短等优势，是构建新型电力系统的重要组成部分，对解决新型电力系统供需匹配以及波动性问题具有重要作用。这其中，电池管理的技术难题亟待突破，兼具高效性、灵活性、可靠性和经济性的相关技术及系统解决方案，对提升储能系统的安全性和使用寿命至关重要。“十四五”期间，新能源领域进入高速发展阶段，储能技术＋新能源规模化应用的重要价值已是共识，成为能源产业革新的关键推手之一。

创新价值：

风帆储能通过材料、算法、工程等多方面创新，研发智能组串式储能系统，实现了电池的精准化管理，解决了相关行业痛点。“组串化”“智能化”“模块化”的新理念，有利于重构储能系统，使储能系统变得更高效、更稳定、更安全，其模式可为产业链上下游提供技术体系和解决方案，促进行业协同创新，并实现更大的商业化价值。风帆智能组串式储能系统的创新，开启了储能系统运维的智能化新阶段，其技术理念和实现路径可为产业升级提供值得借鉴的范例。

百望云：
供应链协同解决方案优化企业数字管理

摘要：百望股份有限公司（以下简称：百望云）推出“供应链协同解决方案”，实现企业数字化升级的全流程覆盖，为企业采供流程增效、提升生态竞争力、辅助智能决策并加强供应链金融服务能力，更好地助力企业合规、健康、高质量发展。供应链协同系统旨在提高应付共享工作流程的自动化程度，降低单据流转成本、供应商对账成本，简化审核对账审核管理流程，优化费用管理归集和管理流程。

关键词：供应链管理　供应链协同　财税数字化　降本增效

1．背景说明

1.1 政策背景：供应链数字化转型正在加速

中共中央、国务院于2023年发布了《数字中国建设整体布局规划》[1]，将“建设数字中国”视为“数字时代推进中国式现代化”的重要引擎。

2022年10月28日，《国务院关于数字经济发展情况的报告》[2]中指出“坚持科技自立自强，以数据为关键要素，以推动数字技术与实体经济深度融合为主线，以协同推进数字产业化和产业数字化，赋能传统产业转型升级为重点，以加强数字基础设施建设为基础，以完善数字经济治理体系为保障，不断做强做优做大我国数字经济。”

2022年3月5日，第十三届全国人民代表大会第五次会议上发布了2022年政府工作任务之一：促进数字经济发展，加强数字中国建设整体布局。[3]建设数字信息基础设施，逐步构建全国一体化大数据中心体系，推进5G规模化应用，促进产业数字化转

[1] 新华社：《数字中国建设整体布局规划》，2023年2月27日。
[2] 中国人大网：国家发展和改革委员会主任何立峰《国务院关于数字经济发展情况的报告》，2022年10月28日。
[3] 中国政府网：国务院总理李克强《政府工作报告》，2022年3月5日。

型，发展智慧城市、数字乡村。完善数字经济治理，培育数据要素市场，释放数据要素潜力，提高应用能力，更好赋能经济发展、丰富人民生活。

2021 年 3 月 12 日，“十四五”规划纲要[1]提出“深入实施智能制造和绿色制造工程”“培育壮大人工智能、大数据、区块链、云计算、网络安全等新兴数字产业”。后疫情时代，中国供应链产业正面临数字化、转型重构、绿色低碳、自主可控四大发展趋势，大宗商品行业提高供应链自主可控程度，从源头降低供应链风险，构建供应链数智化转型成为支点。

2022 年 4 月，《中共中央、国务院关于加快建设全国统一大市场的意见》[2]指出，“优化商贸流通基础设施布局，加快数字化建设，推动线上线下融合发展，形成更多商贸流通新平台新业态新模式。”“支持数字化第三方物流交付平台建设，推动第三方物流产业科技和商业模式创新，培育一批有全球影响力的数字化平台企业和供应链企业，促进全社会物流降本增效。”

2022 年 1 月，《“十四五”现代流通体系建设规划》[3]指出“鼓励区域商贸企业提高供应链精细化管理水平，深耕本地市场，拓展辐射范围”“提高供应链资源整合能力”“创新供应链协同运营模式”。

2022 年 10 月 16 日，党的二十大报告[4]提出“坚持以推动高质量发展为主题”“着力提升产业链供应链韧性和安全水平”“增强维护国家安全能力”“确保重要产业链供应链安全”等。

由此可见，企业供应链管理到了必须升级的关键时刻，建立供应链风险预警体系、构建可视化管理工具、满足相关部门税务遵从合规运营要求、提升供应链协同效率、促进供应链生态健康发展，是所有企业的共同目标。

1.2 宏观形势：全球供应链面临着不断变化的地缘政治和经济下行周期的压力

当下，全球供应链发展已进入数字化和智能化的阶段，这期间既有诸多挑战，也蕴含着跃升的机遇。

---

[1] 新华社：《中华人民共和国国民经济和社会发展第十四个五年规划和 2035 年远景目标纲要》，2021 年 3 月 12 日。

[2] 新华社：《中共中央　国务院关于加快建设全国统一大市场的意见》，2022 年 4 月 10 日。

[3] 新华社：《“十四五”现代流通体系建设规划》，2022 年 1 月 24 日。

[4] 新华社：《高举中国特色社会主义伟大旗帜　为全面建设社会主义现代化国家而团结奋斗——在中国共产党第二十次全国代表大会上的报告》，2022 年 10 月 16 日。

全球供应链面临着不断变化的地缘政治和经济下行周期的压力，全球化的趋势已经受到一些国家政策的限制，这加强了企业在供应链中的风险管理需求。同时，经济周期下行的预期叠加地缘政治和后疫情时代跨时空协同的影响，严重挤压了企业生存空间，导致供应短缺和成本上升。

此外，全球供应链也面临着越来越高的客户期望和需求的挑战，客户对可持续性、可追溯性和快速响应的要求越来越高，企业需要不断改善供应链的透明度和可持续性，以满足客户的需求。

1.3 行业现状：数字化供应链焕发产业价值

全球供应链的数字化转型正在以前所未有的速度推进。随着物联网、大数据、云计算和人工智能等前沿技术的飞速发展，越来越多的企业意识到通过数字化转型，可以显著提升供应链的效率、可视性和灵活性，从而在激烈的市场竞争中占据优势。

供应链管理作为企业发展的核心命脉，直接关系着产品从原材料采购到最终消费者手中的流动过程。在过去，供应链管理主要依赖于人工操作和传统的纸质文档，然而这种方式不仅耗时费力，而且容易导致信息传递延误甚至错误。随着信息技术的飞速发展，数字化供应链的概念逐渐成为企业转型升级的必然选择。

数字化供应链的核心在于数据的集中和利用。企业可以通过物联网技术将生产设备、仓库和运输工具等与互联网连接，实现数据的实时采集和传输。同时，通过大数据技术，企业可以对供应链中产生的海量数据进行深度挖掘和分析，从而发现潜在问题和机遇。云计算技术为企业提供了强大的数据存储和计算能力，使得供应链数据可以随时随地被相关人员获取和处理。人工智能技术的应用更是使数字化供应链达到了前所未有的高度，例如，AI 可以帮助企业预测市场需求、优化库存管理、智能调度运输等，极大地提高了供应链的灵活性和反应速度。

数字化供应链为企业带来了巨大的优势和价值。首先，企业可以更加准确地跟踪库存情况，实时了解产品的存货量和位置，从而避免了库存积压和断货的风险，降低了库存成本。其次，数字化供应链的数据分析功能使企业能够更加精准地预测市场需求，从而调整生产计划，避免产能过剩或不足。再次，数字化供应链还可以优化运输管理，通过实时监控运输工具的位置和运行情况，合理规划路线，降低运输成本和时间。最重要的是，数字化供应链使企业与供应商之间的协作更加高效，信息共享更加便捷，可以实现供应链上下游的紧密衔接和协同合作，从而提高供应链的整体运作效率和灵活性。

在数字经济时代，供应链的数字化转型已经成为企业保持竞争力和持续发展的必然趋势。企业应积极拥抱数字化技术，以数据为驱动，推进供应链的升级和提效。同时，政府和行业应携手合作，为企业提供更加优惠的政策和支持，共同推动全球供应链的数字化转型进程。只有在全球范围内实现供应链数字化的全面推进，才能更好地适应和把握数字经济时代的挑战和机遇，为全球经济的可持续发展打下坚实的基础。

2. 创新描述

百望云供应链协同产品将核心企业与供应链上下游各要素进行连接，实现“三流”（信息流、物流、资金流）的数字化、协同化、自动化、智能化升级。针对不同场景、不同业态、不同规模企业的交易模式，在企业授权的基础上，可以基于知识图谱技术，将产业链、供应链、产品和企业有效连接在一起，构建起庞大的数字商业网络，为企业社交、供应链协同奠定基础。

2.1 全链服务满足采销双方深度交易诉求

百望云供应链协同产品覆盖从寻源、履约、结算、管理到数据增值的全链服务。供应商链条长、服务主体多，产品包含各个类型，囊括企业业务、财务等系统，通过对全流程交易的掌握和介绍，能够更好地为“采、供”双方提供服务。

2.2 供应链端到端协同管理模式提升效率

百望云供应链协同产品基于票单证数据构建的供应链端到端协同管理模式，提升订单、物流、对账、发票等交易数据的协同效率。

2023 年 6 月 28 日，根据弗若斯特沙利文报告[1]，按收益计，百望云于 2022 年在中国云端财税相关交易数字化市场排名第一，在票单证数字化赛道拥有客户优势和产品优势。通过优势强化，将发票与订单、合同、物流、结算进行深度绑定，并提供在线协同、修改，自动配单等功能，可极大缩短流程时效，提升服务品质。

[1] *Financial and Tax-related Transaction Digitalization Market and Financial and Tax-related Transactionbased Big Data Analytics Solution Market in China*, F&S, 2023.

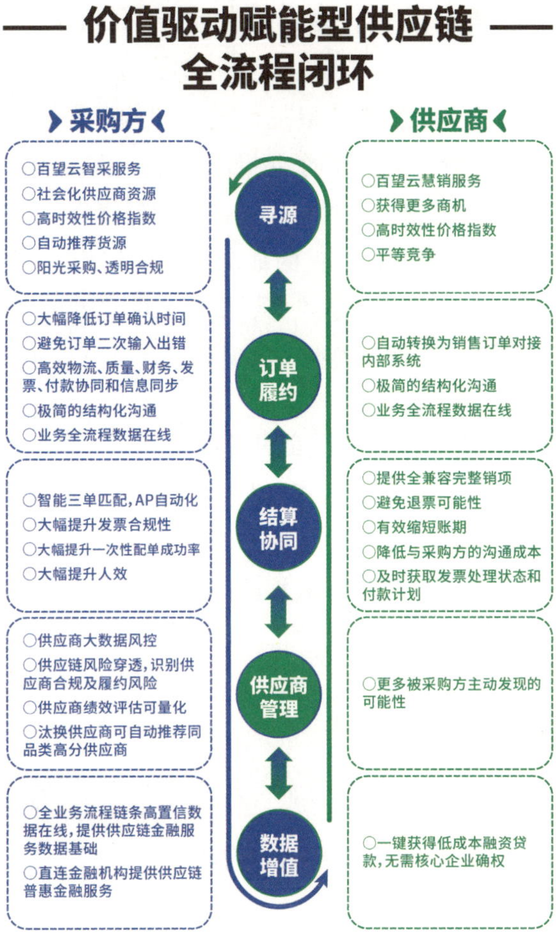

图 1　赋能型供应链闭环

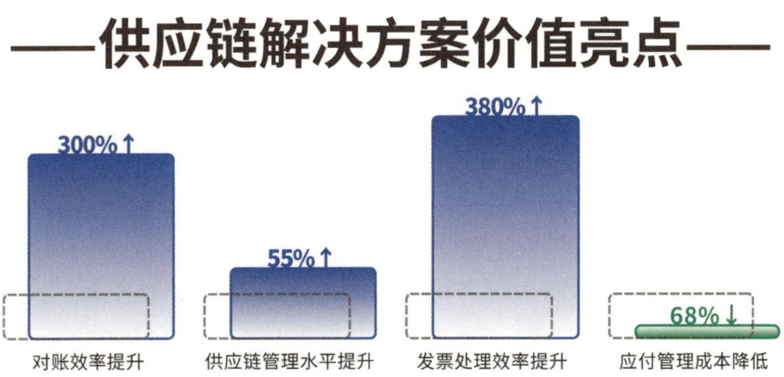

图 2　价值提升趋势

2.3 利用供应商风险监控平台，建立企业用户数据画像，助力普惠金融落地

供应链天然与金融联系紧密，供应链金融长期围绕核心企业、服务供应商生态。基于百望云“开票协同体系 + 大数据模型”，与金融机构深度合作，可更好地为企业授信，无需核心企业确权，且不占用核心企业授信额度，不影响应收账款再融资，帮助有需要的企业快速解决资金难题。同时，为金融机构提供贷前、贷中、贷后全流程监控，减少风险，保障普惠金融在风险可控的基础下安全落地。

通过对供应商相关的工商、司法、税务、发票、舆情等多维度数据的深度加工及分析，通过预警评价规则和风险评价模型，实现对供应商的实时风险监控。

2.4 智能驾驶舱实现企业运营状况实时可视化

通过“大数据模型 + 平台化架构”，百望云还可为企业搭建“可视化系统”，企业可根据自身需求进行基础指标设定，生成基于不同维度的云图，将静态数据转换为动态交易信息，通过智能分析，实现业务数据的即时分析与监测，多角度发现问题、定位问题、解决问题，以数据驱动运营。

3．项目运作节奏

以某铁路建设物流集团客户项目为例，基于其业务流程端到端建设要求，百望云在不同环节赋能其供应链协同平台的业务流转闭环。

3.1 第一阶段：业财协同建设

供应链协同平台的结算协同子系统可以实现客户采购 / 财务、应付财务、供应商三方之间的结算单线上推送、确认自动化管理，同时支持在线争议处理，可配置自动确认规则。支持金三、金四全通道、全票种的开票、导出、上传，满足协同供应商不同开票方式。通过百望 OCR 工具，自动识别发票并自动配单挂接。百望技术架构支持协同、进项模块化、微服务架构；支持混合云架构，保障数据安全及业务连续性，促进客户业财税一体化融合。

供应链协同平台结算协同子系统除了支持供应商在线协同，对于无法在线协同的供应商，提供智能配单引擎，通过自定义规则判断发票与结算单据的关联匹配关系，并提前通知供应商票单匹配结果，通过供应商提前自查，可对错票进行处理，大幅降低错票率；也可由供应商点击链接手工配单，大幅提升客户发票处理和三单匹配效率。

3.2 第二阶段：供应商库建设（供应商风控）

3.2.1 企业业务关联圈探查工具

在获取到交易方数据授权的情况下，百望云基于客户供应商之间各种维度的关系，供应商与服务项目的关系，可以对供应商进行不同族群的划分，分析供应商之间的关联关系，便于直观掌握供应商服务项目的情况，以及项目与供应商之间的关联关系，为企业规避相关风险。

3.2.2 识别异常交易

百望云提供交易发票的识别、持续监控及融资情况的监测，通过对交易发票的状态及融资情况的监控，避免虚假交易或异常交易的发生。

3.2.3 识别是否融资性贸易

针对发票虚开等税务异常情况，百望云协助客户建立了丰富的指标库和成熟的分析模型，可以对交易企业或供应商的虚开发票情况提供识别预判，通过发票虚开预警进一步识别筛选空转贸易或融资性贸易。

3.3 第三阶段：价格库建设（智采慧销价格指数）

围绕具体商品名录，筛选稳定样本企业，对各区域、行业销售及采购价格进行深度挖掘，为客户提供市场采购价格分析、优质供应商寻找、交易撮合等多场景应用。围绕建筑行业上下游相关商品价格进行输出，包括螺纹钢、水泥等商品。

通过授权获取该集团企业范围内下属所有单位的进项发票数据信息（最长可追溯至过往五年），提取相关采购信息，包括但不限于：产品品类、物料及规格型号、采购频次、价格信息等；通过数据清洗和管理，获得可分析数据并进行模块化应用，从供应商离散度、采购价格离散度、采购价格策略、品类整合策略和采集目录等维度为集团采购提供真实可靠且实时的决策依据。

4. 市场应用及未来展望

4.1 市场应用

4.1.1 某化工行业全球五百强客户项目

该客户携手百望云搭建供应链协同系统，旨在提高应付共享工作流程的自动化程度，降低单据流转成本、供应商对账成本，简化对账审核管理流程，优化费用管理归集和管理流程。期间由于供应商数量多，业务流程较为复杂，双方重新梳理了业务流程，在项目实施的同时，也对整个流程的数字化转型打下了坚实的基础。在整个流程中：

1. 该客户在 SAP 完成账单的收货处理，并且将收货数据传入百望系统，形成对账单。

2. 该客户的供应商，在线上通过智链平台确认账单中的全部信息，包括：账单时间、单号、数量、单价、总金额、税率、税额等。如果发现有任何的差异，可以与该客户通过在线方式快速沟通，并获取相应的反馈。

3. 在供应商与该客户完成账单的确认后，供应商可以直接通过平台完成发票开具，无论供应商是使用传统的税控设备，还是使用最新的“金税四期”全电平台，都可以通过智链平台完成发票的开具。

4. 开票完成后，如果是数电发票，则该客户可以通过自己的发票进项管理同步收到发票信息；如果是纸质发票，则需要供应商进行线下的发票邮寄，该客户在收到纸质发票后，再进行发票的扫描录入。

5. 智链系统在获取到电子发票或扫描录入纸质发票后，会自动匹配发票与账单结果，完成两单匹配。确保发票与账单的一一对应。

最后，发票数据、发票与订单的匹配数据会被回传至 SAP 系统并在此后进入财务流程。

4.1.2 电动车行业某集团型客户项目

该客户早在 2017 年就开始与百望云合作，百望云为它定制供应链协同解决方案，提高财务管理的效率与质量，促进财务供应链协同管理，实现业务财务一体化，为企业经营决策提供数据支持，推进集团数字化转型。

在百望云的帮助下，该客户的财务系统与 ERP、电商平台、员工报销系统、费用管理系统、供应商管理系统和电子会计档案系统完成打通，统一了业财数据，也利于供应链端到端的管理。

目前，该客户的数百家供应商都已使用百望云的供应链协同产品。具体的供应链协同流程为：在完成系统打通后，该客户在 SRM 系统完成对账审核，SRM 系统将结算单传入百望云系统，百望云系统自助获取开票信息，供应商即可在线上通过开票系统确认开具发票。客户的财务应付组在收到供应商的发票后，无需人工校验，可在系统中自动查验发票，并快速自动完成三单匹配回传，大幅提高了财务工作效率，完成了供应链平台从寻源到付款的全流程打通。

通过供应链财务协同，实现了信息流和资金流的闭环，提高了该客户与供应商的对账时效性和会计核算的准确性，从而降低支付风险，加强了采购对供应商的合规管理与运营。同时，这也提高了客户财务团队的人效，在百望云系统的加持下，每个月数百家供应商的应付对账工作，只需六名财务应付人员就能完成，推动了财务团队的数字化转型，帮助构建税务共享体系。

4.1.3 钢铁制造领域某集团型客户项目

利用智能识别、自动化等技术，百望云帮助其构建了三单匹配的数字化操作流程与中心企业协同管理的运作系统，涵盖采购、物流、招投标、查询等场景的协同全生命周期；基于对业财税多个系统的统筹规划，百望云帮助该企业建立了应付账款自动化等能力，自动执行会计和付款流程，从提取发票信息开始，到根据采购订单验证、企业系统和批准付款，为企业建立起了集团管控的高效之路、运营管理的透明之路。

4.2 未来展望

未来，百望云希望通过供应链协同解决方案，在企业层面，实现票据的自动化匹配与流转，减少人工成本、助力合规运营；在生态层面，实现供应链生态企业的高效协同，共同提升产业竞争力、行业影响力。在共同夯实数据底座的前提下，帮助企业构建可视化管理工具，改善供应链管理的透明度和可持续性，助力供应链数字化、智能化、可持续发展。

PKU Innovation Review

编委会点评

社会价值：

在数字经济时代，供应链数字化转型是企业获得竞争优势的必由之路。传统供应链向连通、智能和高效的供应链生态系统演变，离不开数字化协同创新。通过数智技术的综合运用，数字孤岛将有望消失，每个环节都将充分洞察其他需求和挑战。优化供应链以最大限度地降低成本，从粗放式经营向精益化管理转变，以市场为导向、以客户为中心，实现生产、服务等行业的转型。供应链协同数字化，可以显著提升效率、降低成本、控制风险，对产业经济升级发展具有重要意义。

创新价值：

百望云推出供应链协同解决方案，运用数字化手段实现上下游信息流、物流、资金流的深度融合，构建智能驾驶舱、风控体系等，全面提升供应链协同效率、合规性和响应速度。通过供应链财务协同，实现了信息流和资金流的闭环；通过供应商库的完善与生态建设，加强了供应商风险管控；通过智采慧销价格指数，优化了企业决策管理。百望云供应链协同解决方案利用数字化手段打通供应链痛点，是供应链数字化转型的创新典范，可显著降低企业运营成本，提升生态系统竞争力。

国汽智图：众源更新高精动态地图推动智能网联汽车发展

摘要： 国汽智图（北京）科技有限公司（以下简称：国汽智图）为高精动态地图解决方案商，由国家智能网联汽车创新中心、中国地图出版社集团、北京四维图新科技股份有限公司和北京亦庄智能院集团等企业联合投资。国汽智图提出“众源更新”技术路线，基于该路线搭建高精动态地图基础平台，在全面保障国家地理信息数据安全前提下，通过汇聚车、路、云等众源数据，实现高精动态地图众源更新，满足 L3/L4 自动驾驶车辆高精动态地图快速更新需求。

关键词： 高精动态地图　众源更新　智能网联汽车

1. 背景说明

1.1 政策背景：智能网联发展迅速，提升安全管理效能

高精动态地图领域由于其特殊性，涉及庞大的数据量。为了保障数据安全，国家出台了一系列法律法规。采集、存储、使用等涉及数据安全的诸多环节，都相应受到国家法律法规监管。相关内容如下：

2020 年，国家发改委等 11 部委联合发布《智能汽车创新发展战略》，[1] 提出“建立覆盖智能汽车数据全生命周期的安全管理机制”“实行重要数据分类分级管理，确保用户信息、车辆信息、测绘地理信息等数据安全可控”。

同年，自然资源部发布《测绘地理信息管理工作国家秘密范围的规定》（自然资发〔2020〕95 号）[2] 定义了测绘地理信息管理工作中涉及的国家绝密、机密、秘密等不同

[1] 国家发改委等：《智能汽车创新发展战略》，2020 年 2 月 24 日。

[2] 自然资源部、国家保密局：《测绘地理信息管理工作国家秘密范围的规定》，2020 年 6 月 18 日。

等级的秘密范围规定。《关于推进地理信息保密处理技术研发和服务工作的通知》[1]，促进针对涉密地理信息数据，采集精度、位置、属性、关系等方面的保密处理技术研发和服务工作。国家标准《高级驾驶辅助电子地图的审查要求（征求意见稿）》[2]定义了高级驾驶辅助电子地图在审查过程中涉及的位置精度、关键要素的表示要求等。

国家互联网信息办发布《汽车数据安全管理若干规定（征求意见稿）》[3]定义了境内收集、分析、存储、传输、查询、利用、删除以及向境外提供个人信息或重要数据的数据安全管理规定。

国信办发布《信息安全技术 网联汽车 采集数据的安全要求》[4]规定了网联汽车采集的数据在传输、存储和跨境等环节的安全要求。

国家出台相关法律法规的支持，为智能网联汽车基础地图生产应用提供了及时有效的政策框架。

1.2 行业痛点：高精地图难以规模化生产，制约智能网联汽车发展

如今高精地图生产制作仍存在着三大痛点，阻碍着行业未来的发展。首先，高精地图更新成本高、鲜度低，无法满足智能网联汽车规模化应用；其次，“数据孤岛”现象严重，数据价值无法有效挖掘；最后，地理信息合规处理无标准化方案，相关数据使用难以保证安全。

1.3 行业现状：对标国外市场，更具天时地利人和

目前国内主流图商受制于专业采集方式的高成本，以及对车、路感知数据的缺乏，无法实现大范围的高精地图实时更新，为此，国内外研究机构及图商均逐步开展众源更新技术路线研究。

国外 Mobileye 的 REM（Road Experience Management）数据服务，Here 的 OLP（Open Location Platform）平台，丰田的 AMP（Automated Mapping Platform）平台，均

[1] 自然资源部：《自然资源部办公厅关于推进地理信息保密处理技术研发和服务工作的通知》2021 年 2 月 9 日。

[2] 国家标准计划《高级辅助驾驶电子地图审查要求》由 TC230（全国地理信息标准化技术委员会）归口，主管部门为自然资源部（测绘地理）。

[3] 中国政府网：《汽车数据安全管理若干规定（征求意见稿）》，2021 年 5 月 12 日。

[4] 信安标委网站：关于征求《信息安全技术网联汽车采集数据的安全要求》标准草案意见的通知，2021 年 4 月 29 日。

提出基于车辆数据上传云端实现众源更新的技术路线，国内主流图商也都在进行地图众源更新技术的研究，已建立众源发现、更新机制及自动化数据生产流程等应用。

随着智能网联汽车的迅速发展，高精地图鲜度和成本问题日益突出，众源更新作为实现高精动态地图快速更新的低成本和可量产化方案，日益成为高精动态地图产业化的重要环节之一。

2. 创新描述

国汽智图高精动态地图基础平台的运作方式是通过汇聚车、路、云等多方数据源，借助智能网联车路协同、视觉 SLAM、多源数据融合各方面发展技术，构建高精动态地图数据更新基础平台，帮助自动驾驶打造高精动态地图众源更新数据闭环。

2.1 技术创新：算法融合实现精准升级

平台采取了自研算法以保证数据感知提取以及融合精度和准确度，包含单目视觉 SLAM 算法、深度学习图像感知算法、高精地图要素矢量化算法、大数据轨迹预处理算法、大数据轨迹挖掘算法、多源数据融合算法等。自研深度学习算法、交通信息挖掘算法和单目视觉 SLAM、矢量化拟合算法自动生成高精地图矢量语义信息，用以保证高精地图众源更新数据提取数据源精度；多源数据评价体系和 AI 算法通过汇聚车辆、道路和城市数据，进一步保证高精地图融合结果信息输出的高置信度。借助自研集成软硬一体化感知设备，保障了数据提取的时效性和精准性。

2.2 合规创新：车云一体化方案保障地理信息安全

此外，基于国家地理信息安全相关政策要求，平台建设了合规处理法律法规、敏感数据、合规处理规则等专家知识库，并结合信息安全技术及地理信息保密偏转、审图脱敏技术，构建提供车路云一体化场景下的数据安全及数据合规服务，服务于智能网联示范区，为基于众源传感器数据更新高精度地图的合规安全商用化落地起到了示范带头作用。

2.3 数据创新：构建地理信息数据平台，解决“数据孤岛”

通过构建地理信息数据平台，实现智能网联汽车参与各方的地理信息数据汇聚，打通“数据孤岛”，让地理数据在流通中实现价值。平台采用中心云和边缘端协同技术，通过中心和边缘的协同运算，共同改进模型的效果。基于网络安全和数据安全相关技术，防止未经认证的恶意程序的破坏，进一步保护了边缘端在处理数据过程中的敏感数据和重要程序的安全性。

3. 项目运作节奏

高精动态地图众源更新平台正处于平台建设期，结合行业最新技术，分阶段实现平台产品目标。

3.1 第一阶段：平台建设与技术创新联动

2023 年，平台核心功能建设完成，具备区域示范服务能力，地图众源更新等关键技术取得阶段性突破，地理信息安全与合规应用方案初步落地，打造“示范区”精品案例，聚合车企等生态伙伴，实现地图平台落地示范应用，目前已经与国内多家大型主流车企及国内重点智能网联示范区建立了应用合作。

3.2 第二阶段：产业生态促进商业化落地

预计在 2025 年基本完成国家级平台建设，“五大基础平台”赋能协同，实现“标准化”商业服务能力，形成高精动态地图自主可控技术体系，关键技术具备行业领先优势，具备“甲导”资质，实现车、路数据闭环安全应用，支撑国家地理信息安全监管服务，全国多地布局，与主流图商、车企等开展合作，地图产业生态初具规模，支撑智能网联汽车在特定场景或限定区域的商业化落地。届时，平台预计服务于高精地图联盟中 80% 的车企、图商、智能网联示范区。

4. 市场应用及未来展望

4.1 市场应用

国汽智图依托股东在产业资源、政策指引、技术研发等多方的优势，通过建设行业权威的高精动态地图基础平台，实现车辆传感器、V2X、市政交通、天气、静态地图等众源数据融合验证发布，从而突破高精地图更新频率低、更新成本高及缺乏动态数据信息等行业困境。在保障国家地理信息数据安全的前提下，为车企、图商、示范区、政府等提供满足高等级自动驾驶需求的高精动态地图数据服务。

4.1.1 工信部“双基”（“基础数据服务和基础地图服务平台建设”）项目

在多种因素的驱使下，智能网联汽车相关企业建立了很多分散的车辆数据、交通数据平台，这些平台之间资源重叠、数据不一致、基础空间信息的缺失，造成了“数据孤岛”现象，为了打通这些平台之间的联系，实现数据的共享，需要一个完善的、与空间关联的公共平台对这些资源进行整合，将杂乱无章的信息标准化，并与静态地理信息高效融合，便于产业数据的共享及应用。

国内智能网联产业界已经达成基本共识，亟须建立中国的基础地图服务平台，实现基础地图数据和动态信息的汇聚与共享，支撑和促进行业发展。

国汽智图启动“双基”项目，在应用于该项目基础地图服务平台建设的过程中，实现了不同来源数据与高精度地图的自动匹配和融合；实现了多种平台、各类不同传感器收集的动态地理数据的高效、快速融合；融合了动态数据与高精度静态基础地图，并对外提供动态信息服务接口；实现了高精度地图动态信息实时更新的路径及基础地图实时发布服务。该项目基础地图服务平台成果已在亦庄示范区等单位完成了推广应用，并获得广泛好评。

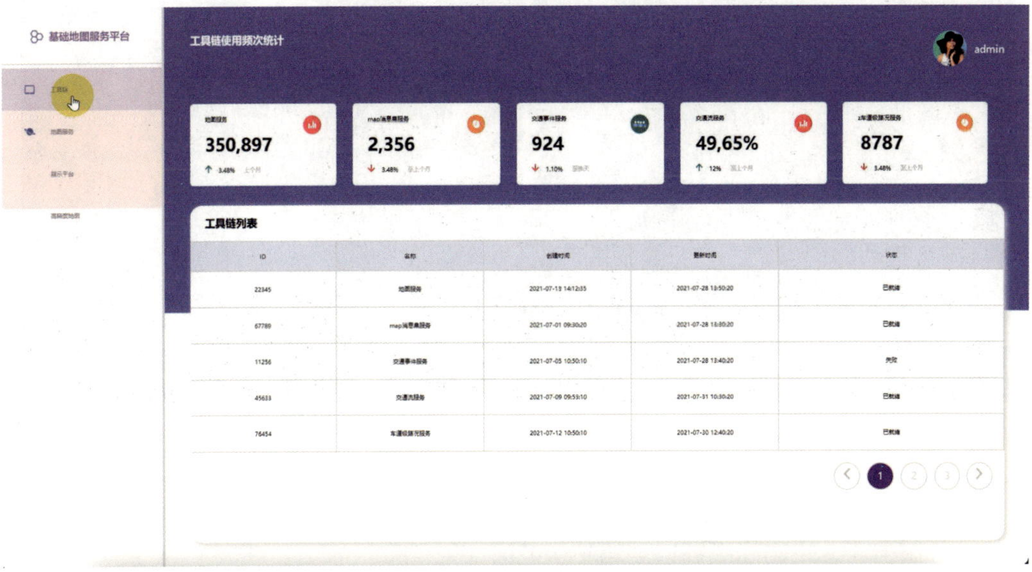

图 1 “双基”项目基础地图服务平台

4.1.2 科技部“科技冬奥”（“科技冬奥——面向冬奥的高效、智能车联网技术研究及示范”）项目

该项目针对冬奥期间物资 / 设备 / 人员多类的密集车流高效安全运输出行需求，以及路面清扫等特殊作业运行需求开展研究。研究基于 5G 网络及长期演进—车联网（LTE-V2X，C-V2X）的高可靠车辆间通信技术；研究路侧全域感知技术，建立车基—路基的全面交通态势感知系统；研究车辆高精度定位技术、快速路径规划技术和解决潮汐效应的运力匹配机制；构建一套安全高效的基于 5G 网络的智能车联网示范系统，并在冬奥测试赛和正式比赛中进行应用示范。

项目聚焦 5G&C-V2X 通信、车路协同融合感知、L4 级自动驾驶以及车辆高精度定位，在应用于该项目车辆动态高精度定位技术及路径规划方法、运力匹配机制研究的过程中，通过对多车及路侧数据接入及融合感知的设计和开发，结合该项目不同车辆运力匹配影响因素等多角度的研究，完成了多因素多车、单车路径规划和潮汐效应的运力匹配算法研究，并在冬奥首钢园区举行了多场景创新成果业务示范。

图 2 科技冬奥动态地图

4.1.3 落地全国首个智能汽车基础地图应用试点：北京市智能汽车基础地图应用试点，并服务于北京市高级别自动驾驶示范区

北京经济技术开发区（以下简称“经开区”）以国家服务业扩大开放综合示范区、中国（北京）自贸试验区（以下简称“两区”）建设为契机，大力推进全球首个网联云控式高级别自动驾驶示范区和国内首个智能网联汽车政策先行区建设，围绕“车、路、云、网、图”五大体系，持续创新完善体制机制和建设内容，努力打造网联云控式自

动驾驶汽车产业发展服务新模式，引领和赋能智能网联汽车产业发展。

作为示范区“车、路、云、网、图”五大体系建设中的“落图”专项单位，国汽智图支持示范区“落图”规划建设，围绕三大专项，落细落实十项重点任务，全面加快示范区相关建设步伐。

在应用于示范区云平台“图”端建设的过程中，设计并实现了对示范区云端多源数据的融合感知，研发了以高精动态地图数据服务为基础、车路协同融合感知为支撑、AI 学习为重点的示范区高精动态地图基础平台。同时，示范区高精地图平台，结合城区高级别自动驾驶应用需求，对示范区车路协同系统运行所需要素进行了精细化建设，充分发挥高精空间地理信息的映射作用，通过众源更新的核心能力，为各车路协同场景应用的建设提供了基础空间落地保障。

当前示范区高精地图平台支撑示范区全套云控协同及监管应用，并通过示范区无人配送车道路运行安全管控策略研究、自动驾驶场景仿真、冬奥园区示范应用、联合实验室等项目，已将建设成果应用于自动驾驶、社会服务、交通监管等各个方面。

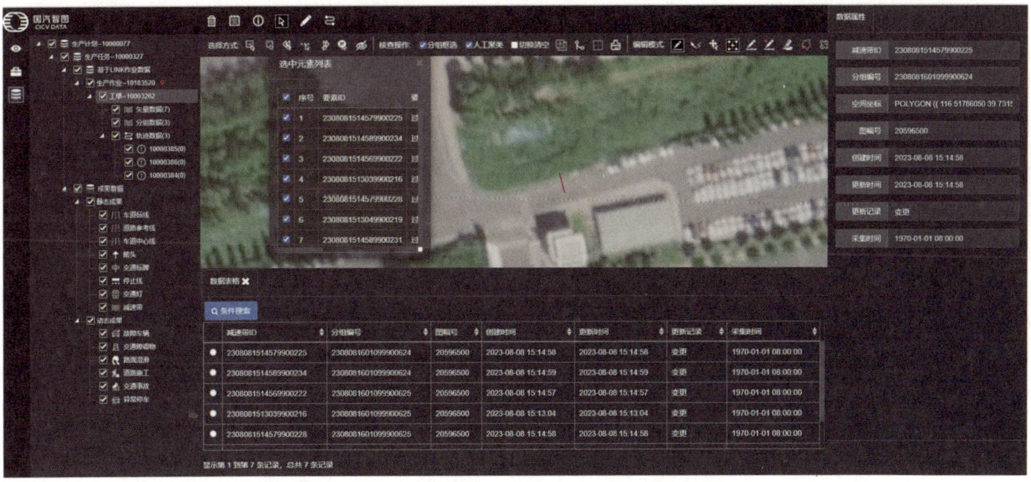

图 3　高精动态基础地图平台工单核查

4.2 高精动态地图众源更新平台社会效益

1. 高精动态地图基础平台发挥第三方平台价值及优势，打破行业内企业间的数据壁垒，实现多源数据的快速融合处理，解决动态高精动态地图更新源数据获取的行业困局。

2. 辅助自动驾驶车辆感知，降低自动驾驶车辆感知硬件成本，推进自动驾驶市场推广进程。

3. 提供精准的实时路况、动态事件及周围环境信息，辅助车辆决策，降低交通事故及次生灾害发生，减少财产损失和人员伤亡；保障车辆在极端天气、视线遮挡、感知失效的场景下安全驾驶；规避拥堵路段，提升道路交通通行能力，缓解交通压力。

4.3 未来展望

国汽智图以“政府许可、行业认同、市场化运作”战略发展理念，坚持技术创新和行业应用并举，围绕打造国家级行业服务平台，充分发挥地图数据的数字底座设施作用，助力车路协同的智能网联汽车“中国方案”的商业化落地和高质量发展。

4.3.1 共建产业生态

高精动态地图基础平台充分发挥行业公共服务和数字底座作用，切实解决更新慢、成本高等问题。充分发挥高精地图联盟作用，服务于车企、图商、政府等上下游产业。

4.3.2 推进标准制定

全面形成高精动态地图专项标准和技术体系，高精动态地图基础平台与其他基础平台实现技术、数据高度协同，促进智能网联汽车“中国方案”商业准入，实现规模化应用。

4.3.3 开发国内市场

在主管部门支持下，充分发挥时空大数据价值和泛在应用，全面支撑智能网联汽车产业、智慧城市、数字经济等产业的高质量发展。

编委会点评

社会价值：

汽车产业的发展在现今已经进入了一个全新的时代。随着人工智能、物联网技术不断发展并日益深入大众的日常生活，车联网和智能车有机结合的产物：智能网联汽车已经成为当下发展的大势所趋。然而，智能网联汽车作为一种跨技术、跨产业领域的新兴汽车体系，需要相对完备的技术平台作为适宜的发展支撑。为引领全球先进智能网联汽车技术发展，开发具有自主知识产权的智能网联汽车配套产品与技术，积极推进行业亟需的相关技术规范与标准，为产业发展的当务之急。

创新价值：

国汽智图所开发的高精动态地图基础平台是智能网联汽车的共性基础技术及重要基础设施。目前的高精动态地图的开发主要面临着数据采集成本高、数据隐私安全等问题。国汽智图所提供的众源更新技术路线为以上问题提供了一个全新的解决方案。智能网联汽车作为当下的新兴产业，其发展更无法离开的是适宜的市场环境和完备的行业规范，国汽智图牵头完善行业环境和助力产品落地，对日益加快的产业发展做出了有效贡献。

PKU Innovation Review

第三章

创新管理始于数智之路

数据生产要素日益发挥至关重要的作用。充分发挥数据管理、数据组织、数据分析作用，深度挖掘数据价值，形成有效的数据资产，成为经济价值提升的关键所在。

“数据是数字经济的原动力，也是构建数字经济的核心。经济实体通过数字化转型服务不同的目标场景，通过运营过程的数据交替，来实现数据对经济实体的赋能。在这个循环过程当中，通过数据采集、处理、集成、挖掘，到知识决策，形成闭环，不断地体现数据的价值链。”[1]

在数字化转型的进程中，产业数字化由单点应用向连续协同演进，数据集成、平台赋能成为推动产业数字化发展的关键。“数据价值的测量，包括企业内部基于采集的成本测量和企业业务部门之间数据共享的价值分配，同时从企业间来看，还会有数据价值评估与数据市场定价。”[2]企业级数智化平台及相关基础设施建设有效推动企业商业效益提升，不止在企业内部，在未来将不断与终端用户构成链路闭环，形成企业端、渠道端与消费端的新商业模型。

[1] 创新观点导读：北大创新评论《数字经济时代的数据要素特征与价值研究》。
[2] 同上。

中顺洁柔：
财务数字化转型平台构建智能化管理

摘要：本项目由中顺洁柔纸业股份有限公司（以下简称：中顺洁柔）与北京合思信息技术有限公司（以下简称：合思）联合完成，通过落地使用“易快报”费控平台，实现企业间多系统数据的互联互通、过程管控，提升业财融合一体化管理水平。

关键词：过程管控　智能管控　降本增效　数字化管理

1. 背景说明

1.1 政策背景：财务数字化转型的政策支持

随着数字经济的迅速发展，数字知识和信息成为生产的关键要素，区块链、人工智能在会计上的应用越来越广泛。而在不确定的大环境下，经济下行的压力深入各行各业，大多数企业都面临着财务数字化转型的难题。同时国家电子票据以及电子化档案管理的普及，《会计档案管理办法》[1]（财政部、国家档案局令第 79 号）以及《财政部　国家档案局关于规范电子会计凭证报销入账归档的通知》[2]（财会〔2020〕6 号）等会计电子化政策的出台为财务电子化提供基本的政策支持。

1.2 行业现状：数字化转型管理的必要性

近年来，生活用纸行业规模持续增长，市场竞争异常激烈。《2022/2023 中国生活用纸年鉴》[3]显示，中国生活用纸人均消费量近年来持续增长，但与 Fastmarkets RISI 估计的 2020 年美国、西欧和日本等发达国家和地区的人均消费量相比，仍有较大差距。

[1] 财政部、国家档案局：《会计档案管理办法》，2015 年 12 月 11 日。
[2] 财政部、国家档案局：《关于规范电子会计凭证报销入账归档的通知》，2020 年 3 月 31 日。
[3] 中国制浆造纸研究院有限公司：《2022/2023 中国生活用纸年鉴》，中国石化出版社，2022 年 4 月。

长期来看，行业仍有增长空间。中国生活用纸行业目前产能相对过剩，行业产能基数加大、增速放缓。随着健康防护意识加强，消费者更追求生活用纸的高端化和差异化。疫情和消费习惯的改变加速了新消费模式的多样化，电商、新零售等线上渠道渗透率持续提高，推动物流智能平台的发展。因新而创新，紧跟客户需求，才能在市场中有一席之地。

市场竞争导致各行业界限模糊，客户需求重新占据主导地位。每家企业都面临着海量数据，但多数传统企业的数据分散于不同数据库中，以至难以获得完整客户视图。一旦目标消费者偏好于真正关注、了解并满足客户需求的企业，这些缺乏完整视图的企业将毫无竞争力。企业应制定系统化数据战略，实时、高效、创造性地处理和分析数据，及时应对竞争对手和行业变化。因此，财务有义务驱动数字化转型，为公司创造价值。

1.3 业务现况痛点：管理成本高，低效重复工作

随着《造纸产业发展政策》[1]《国务院关于印发节能减排综合性工作方案的通知》[2]《制浆造纸工业水污染物排放标准》[3]《造纸产品取水定额》[4]以及《进口废物管理目录》[5]等法规政策的出台，政府部门加大对生活用纸行业的监督管理力度，对经济规模不合理、能耗水耗较高、排放不达标的企业采取关停或限期整改的措施，淘汰大量落后产能。趋严的环保政策加速淘汰落后产能和部分抗风险能力差的中小企业，行业集中度逐渐提升。中顺洁柔响应国家要求，主动承担环保责任，积极投入环保工作。据统计，2022 年公司投入数百万元用于环境治理，含检测、污泥处置、危险废物处置及在线运维等费用。趋严的环保政策增加了环境治理成本及制造成本，部分地区为环保达标而限水限电，严重影响企业产能，导致企业盈利摊薄。在此情况下，企业必须加强数字化管理，降低管理成本，提高盈利水平。

尽管电子发票已经普及，但公司仍面临手工台账记录发票是否重报、登记耗时且容易漏记、发票真伪查询效率低等问题。公司业务遍及内地及港澳地区，纸质报销签批方式效率低，且存在单据丢失的风险。单据追踪有一定的滞后性和局限性，邮寄需

[1] 国家发改委：《造纸产业发展政策》，2007 年 10 月 15 日。
[2] 国务院：《国务院关于印发节能减排综合性工作方案的通知》，2007 年 5 月 23 日。
[3] 生态环境部：《制浆造纸工业水污染物排放标准》，2008 年 6 月 25 日。
[4] 国家市场监督管理总局、国家标准化管理委员会：GB_T 18916.5-2022《取水定额第 5 部分：造纸产品》，2022 年 12 月 30 日。
[5] 环境保护部等：《进口废物管理目录》，2017 年 8 月 16 日。

求大，跨区业务单据邮寄成本高。异议驳回的流程长，且不利于业务跟踪，增加沟通成本。单据附件装订于凭证之后，原始装订单据容易脱墨褪色，装订存放后不便查询。费用超标管控仅限于台账登账管控，无法实现事前控制。至此，利用智能平台释放重复性工作，实现降本增效，成为大多企业的迫切需求。

2. 创新描述

以“合思·易快报”智能费控（以下简称“易快报系统”）为核心，数据集成中顺洁柔的 EAS 系统、SHR 人事系统、国税平台、银行系统、移动办公系统、SRM 系统、T1 资金系统以及 TPM 营销系统，实现多平台系统数据与易快报系统集中关联，让企业的费控管理更加合规、透明、高效，凸显网上签批平台与数字费控价值。

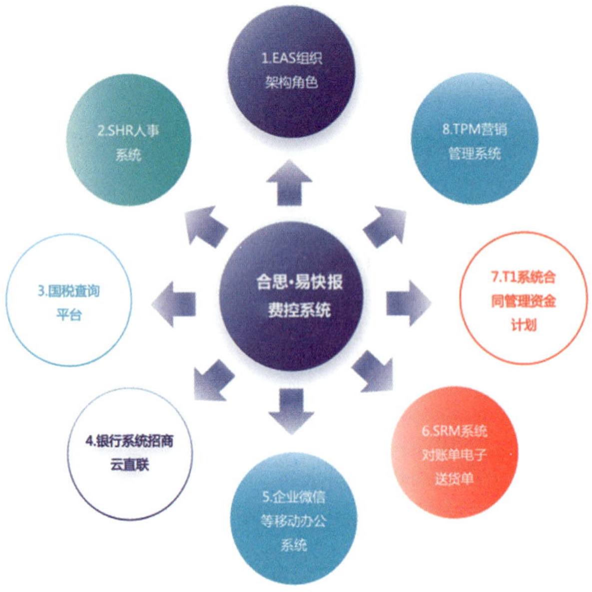

图 1　易快报系统与多平台衔接视图

2.1 智能管控减轻财务工作压力

系统上线前，中顺洁柔财务部门会花费大量时间与人力成本，用于核实发票信息是否完整、电子发票是否重复报销、逐张验证识别发票是否虚假。系统上线后，通过平台 OCR 识别、手机扫码、发票图片或 PDF 文件等多种形式上传发票，并由系统自动识别各类发票，减少了大量财务基础工作，有效识别了虚假、重复使用、信息错误等问题的发票。

2.2 差旅标准管控、费用预算管控与事前管控

根据出差城市等级，员工提交差旅费用时自动带出对应差旅标准，不符合要求不能提交，形成事前控制；接待申请通过后，选择不同项目会自动带出相应标准，不符合要求不能提交；管理费用与预算关联控制，超预算或无预算均不能提交；实时管控费用，将原先事后控制事项前置到事前控制，差旅超标现象降为“0”；系统自定义拓展功能，可满足企业多维度报销管理需求（包括按单据类型、费用类型、部门、公司进行报销统计）。财务可基于易快报系统建立起企业报销规范，让企业花费合规透明，同时方便员工快速适应并按公司规定进行申请与报销。

2.3 借支管控，有效降低费用风险

智能费控系统上线后，通过关联 SHR 系统，按公司规章制度要求对不同职级的员工限定借款额度。借款核销时，如遇超期未归还，不能续借，有效减少“债多不愁”、离职未核销等拖欠现象。释放手工台账工作，减少重复繁杂的工作。为了更智能地管理，避免借款人员逾期还款，系统把临近到期的借款提前通过消息提醒的形式推送到第三方系统，使借款人员清晰地知道近期需要还款的金额。

2.4 高效连接，实现统一中台处理

数字费控系统广泛连接到其他平台拓展开发，快速、准确、便捷地自动关联，实现了多系统数据互连共享，为申请、借款、报销、付款提供有效、实时的数据做依据。系统间数据集中到统一中台处理，如数据查询、附件打印下载等，有效避免由多系统间来回切换带来的工作效率低问题。此外，连接企业微信平台消息模板，每天两次定时推送未签审信息，保证流程审批及时、跨区签审、手机移动端灵活签审和进度跟进。

2.5 多维度深入洞察分析

财务成功转型，财务工作重点由事务处理向业务服务、决策支持转变，强大的报表功能可实现多维度交叉分析，帮助财务实现财务业务一体化管理，可视化报表可进行层层穿透，追踪到明细报销单据，所有的统计图表可直接导出，无需人工统计。

3. 项目运作节奏

3.1 前期调研确定实施平台

2020 年，中顺洁柔经过多家供应商选型，与合思・易快报达成合作。根据公司费用管理现状，整合企业合理需求，合思・易快报按需分期规划费控数字化项目进度。2020 年 12 月至 2022 年 6 月间，分四期建设费用管理平台，实现数据互联管理控制、发票验真控制、费用申请差旅标准控制、管理费用预算控制、借款申请额度控制、批量付款控制等功能。

3.2 项目推进过程

由于涉及业务广、区域多，公司成立平台项目组，明确负责人，定时汇报跟进上线进度。项目组负责业务调研、关键用户培训、正式环境搭建、产品测试、客户内部培训以及切换上线、异议问题会议讨论、项目验收等工作，有效推动项目实施落地。项目分四期进行推进，各期启动前成立工作沟通群，集思广益，及时沟通项目难题并优化，提升用户使用度，提高效率。

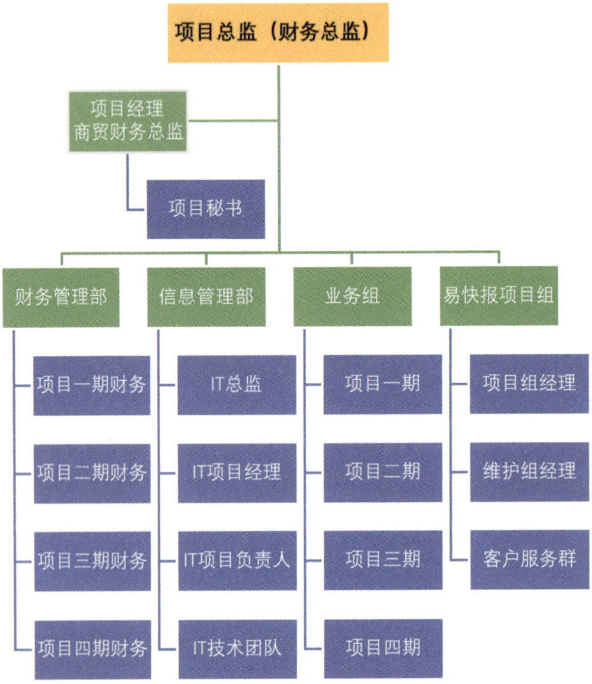

图 2　项目架构图

项目一期：差旅、接待费上线

2020 年 12 月，项目一期优先上线服务于全员的差旅与接待标准控制功能，根据中顺洁柔差旅费管理制度要求，将差旅过程中的餐费、住宿、接待等补助标准关联到对应职位。通过系统预先设置，让原先需要人工确认的制度规范由系统自动识别并控制，避免事后出现差旅与接待预算超标。

项目二期：管理费用上线

2021 年 5 月，项目二期规划上线了非销售部门的管理费用预算控制功能。按部门将年度预算拆分至各个月，按月度累计费用进行超标控制，如遇超标，系统直接在单据上发起警告，申请单据不能提交。另外，审批人可直接在单据中查看申请明细、使用权责等，同时开发费用报表分析、审批节点时效、申请与报销报表模块应用。

项目三期：采购、工程费用上线

2021 年 11 月，项目三期针对合同协议、采购订单、采购入库等业务付款往来较多的人员，因多系统间数据不互通导致操作不便捷、流程不透明等问题，快速上线了多系统管理关联控制功能。基于合思・易快报的集成连接功能，高效打通业务、OA、人力、资金等系统，将合同、资金付款、对账单、电子送货单、银企直联等功能模块与整个报销流程进行关联，实现单据附件显示自动化。

项目四期：营销费用上线

2022 年 6 月，项目四期将原先的营销费用大类细化到不同部门、不同业务场景下的费用小类，精细化管控市场营销、人力资源及供应链等部门的费用支出明细，打通营销 TPM 系统的链接、TPM 填报预算并控制费比。易快报系统进行核销，实现两个系统的数据共享和业务衔接。例如线下投放广告，需要将集团广宣费用、装卸费用、运输费用一一拆分，让每一项支出有理有据。不同类型费用预算单独拆分管控，避免发生单一费用超标，影响整体预算执行。

4. 未来应用展望

4.1 应用成效

易快报费控系统项目的实施，是根据中顺洁柔的费用管理现状，整合企业的合理需求，针对费用预算、费用控制、报销过程和报表的一系列管理、项目优化的过程；

是将实施顾问的理论、经验、思考方法和工作方法转移给客户的关键用户和员工，从而造就一批使客户永久获益和保持活力的中坚力量的过程。知识转移，主要通过共同的项目组、共同配合协作、各种讨论会、正式的培训等方式实现。易快报系统为企业带来了移动互联时代全新的电子化报销方式，打通订购—报销—支付—记账全流程，实现全电子化的数据联通，让企业的费控管理更加合规、透明、高效，智能费控、尽在手中，为企业提高管理水平、降低风险、数字化转型创造了价值。

4.2 打造财务数字化标杆企业

作为制造业大省，广东省已步入数字化转型新时期。由于各行业数字化发展的现状和基础不一，促进制造业全面转型困难重重。因此，提炼和总结本行业数字化转型可以借鉴和复制的成功经验对推动广东省制造业数字化转型具有重要意义。中顺洁柔积极响应数字化转型号召，结合自身业务需求与国家政策趋势，希望通过费控报销这一切口，本土化布局高效敏捷型数字化系统，打通申请—订购—报销—支付—记账全流程自动化，实现费用控制标准化、透明化与可视化，全面提升企业的数据管理水平，树立财务数字化行业领先标杆。

中顺洁柔引入易快报系统，开启移动互联网时代全新的电子化报销方式，解决移动报销、因公消费、财务合规等难题，实现降本增效。未来，中顺洁柔也将乘着数字化政策的东风，积极拓展财务数字化应用，促进业财融合发展，进一步提升企业数字治理能力。

图 3　中顺洁柔数字化中心

编委会点评

社会价值：

经济实体通过数字化转型，对外服务不同的目标场景、对内升级企业经营效能，是典型的数字化转型模式。当前，我们已经全面进入数字经济时代，这影响着宏观经济的发展，并在改变企业运营方式的同时重塑世界经济面貌，各行业的企业都将成为“数字价值”的一员。同时，数字化转型也是绿色发展不可或缺的一步，在帮助企业提质增效的基础上，实现了无纸化、低碳化的经营管理模型。数字化、绿色化双转型是“双碳”目标下促进经济可持续发展的必然选择。

创新价值：

中顺洁柔业财融合一体化数字化转型，实现了企业多源数据的高效管理，同时加强了企业数字费控的合规性与可用性，降低了企业财税风险与经营风险。基于统一的数智化平台管理在提升企业财务职能工作效率的同时，有助于加强企业内部数据价值溢出的可能性，为企业经营发展进一步赋能。作为国内具有代表性的生活用纸企业，其数字化转型有望为同行业提供创新示范，并进一步带动产业上下游企业数字化协同发展。

商汤科技：
安全生产信息化建设升级企业安全管理

摘要： 商汤集团股份有限公司（以下简称：商汤科技）根据国家对安全生产信息化建设的最新指导要求，运用人工智能、元宇宙等国内外先进技术，进行新一轮的安全生产信息化建设，全面融入企业安环部门业务，通过安全生产信息化平台的升级建设，进一步提高安全事故的预防水平，提升安全管理效率。

关键词： 安全生产　管控系统　智能化　视频监控

1. 背景说明

1.1 政策背景：助力建设安全风险智能化管控系统

2021 年 9 月 1 日起，新《安全生产法》[1] 正式实施。与旧版《安全生产法》相比，新《安全生产法》不仅加大了对违法违规行为的处罚力度，明确了企业负责人的安全管理职责，同时提出了“安全生产信息化建设”的要求。

2022 年 4 月 6 日，国务院安全生产委员会正式颁布实施《“十四五”国家安全生产规划》[2]，提出“强化科技创新引领”“优先发展信息化、智能化、无人化的安全生产风险监测预警装备，重点提升安全生产危险工艺设备的机械化自动化水平，着力破解重大安全风险的超前预测、动态监测、主动预警等关键技术瓶颈。”

1.2 行业痛点：企业管理体系亟待升级发展

国家出台了《安全生产法》等相关法律法规，要求企业严格遵守安全规定。因此，如果工业生产型企业管理体系不健全、安全措施不到位，可能会面临政府的处罚和责

[1] 国家法律法规数据库：《中华人民共和国安全生产法》，2021 年 6 月 10 日。
[2] 国务院：《“十四五”国家安全生产规划》，2022 年 4 月 6 日。

任追究，造成信誉和经济方面的损失。

在当前的企业安全管理体系中，存在一系列痛点，其中最主要的问题是企业的纸质化管理体系与国家安全生产信息化要求之间的矛盾。企业的管理体系相对薄弱，导致全员参与意识不足，缺乏统一的安全意识共识。纸质化另一个严重的问题是大量纸质文件堆积如山，使得安全排查过程异常困难且难以追溯，增加了隐患治理的复杂性，也使得安全措施难以落实。在这种情况下，人员行为和劳动纪律难以得到有效管控，进一步增加了安全风险。责任归属不清晰，导致隐患治理难以形成闭环，影响了安全管理的全面性和有效性。

2. 创新描述

商汤科技“安全生产信息化管理平台”集成了安全生产信息化基础平台、安全学院、安全管家、安全物联等应用系统；作为云侧产品，集成了企业各类边端侧的 IOT 设备，如视频监控设备、人员定位设备及用于特殊作业监督的气体探测、温度探测设备等。“安全生产信息化管理平台”的一体化建设，将各个子系统有效地融合关联起来，实现了一平台多系统。

该系统实现了安全风险防控的垂直闭环管理，通过打通各个应用模块，将安全生产的“风险—隐患—突发事件—事故—救援”业务场景连接在一起，形成整体的安全管理逻辑，满足了企业的个性化需求，实现了自定义扩展功能。

2.1 垂直闭环管理：责任落实一线岗位

企业安全生产信息化平台一体化建设帮助企业织密织牢安全生产防护网，避免事故风险、避免巨额罚款、避免刑事责任、留下管理痕迹、减轻管理负担，确保生产平安。在安全风险防护方面，创新的垂直闭环管理有效提高了安全风险防护网的密度和稳固性。

双重预防机制信息化帮助企业彻底去掉规划和实际的动作脱节的现象，将风险辨识的成果直接转化为隐患排查卡片，可绑定多个一线岗位，按不同的周期交叉排查。发现隐患，提报、整改、验收，三权分立，责任全部直接下沉一线岗位，确保风险可控。

2.2 安全物联系统：视频监控智能分析

系统平台将充分利用车间摄像头（没有安装摄像头的车间需要另行安装），从摄像头的硬盘录像机采集视频信号，进行实时分析，分析结果通过 API 接口推送至手机应用端平台，支持管理者在手机端快速处理报警事件。

同时，该系统智能算法丰富，包含异常状态算法，如明火、烟雾，以及行为违规算法，具体包括翻越围栏、区域入侵、人员离岗、人员集聚、打电话、抽烟、未戴安全帽、未穿工作服等。除此之外，平台智能算法还可以满足脸谱识别、未戴口罩、未戴手套、摔倒等。报警记录、消警记录均通过接口推送至手机 APP 端，管理人员可以通过手机，随时随地进行报警处理。

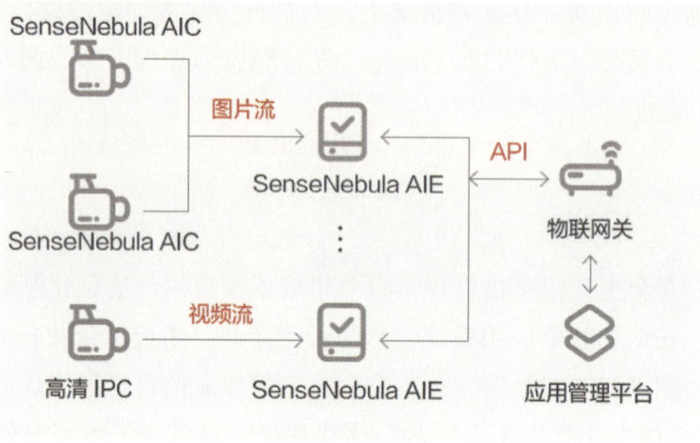

图 1　安全物联系统

通过客户的实际应用，安全生产信息化技术使违规违章行为基本清零。通过特殊作业全过程视频监控智能分析导入，整个作业过程可视化，有效堵住了人员违章违规的漏洞；同时，对抽烟、不穿工作服、不戴安全帽等违规行为的抓拍和处理，基本消除了不良习惯，使得安全纪律更加严明。

图 2　违规行为抓拍 1

图 3　违规行为抓拍 2

2.3 知识公共库：复用典型经验提升管理水平

商汤科技结合国内大量安全生产典型经验，建立了知识公共库，应用于风险点辨识、隐患排查、应急处置。平台设置了 1300 多张隐患排查卡，支持企业复制参考。

此外，通过安全学院功能，企业可自主进行安全培训，持续推送学习短视频、动漫等。企业可以将培训考试对象按照法律要求和风险点进行分组，将同类课程精准分发给组员学习，并推送安全考试题库，帮助企业降低培训成本、改善培训效果。提供安全总结功能，支持企业通过人工智能自动出报告，减少企业文案工作、减轻管理负担，堵住法律漏洞。

同时，系统也可以帮助企业实现规章制度管理、设备风险管理等。系统支持企业自定义特种设备、附件的检测提醒期，支持企业做好维保记录、费用记录，支持企业查看不同供应商供应设备的不同零配件的历史隐患发生情况。有效控制设备故障率、设备维修费用率、千人工伤事故率，实现安全生产全要素管理。

2.4 一屏观全厂：安全管理高效决策

通过安全生产一张图，总览厂区信息化系统多个模块的实时状况，帮助公司管理人员更好地掌控厂区的安全态势及风险状况，为安全管理的决策提供有力支撑。

3. 项目运作节奏

3.1 第一阶段：快速梳理风险分析对象、建立风险分级管控体系和数据初始化

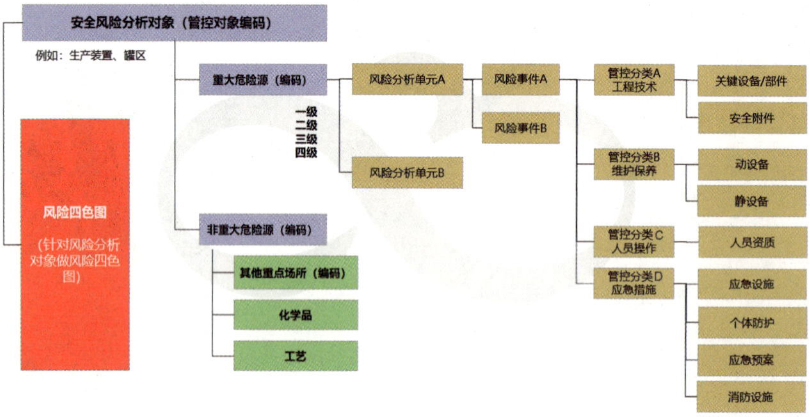

图 4　春源化工风险分级管控体系

系统确定风险分析对象，支持导入、导出风险分析单元清单。根据风险分析单元清单对风险进行安全风险辨识、等级划分，制定管控措施和排查内容，包括工程技术

附件 2

安全风险清单及隐患排查内容表（样例）

管控对象（生产装置/储存设施）	责任部门	责任人	分析单元	安全风险事件（最严重后果）	管控措施分类			管控措施	隐患排查内容	岗位（负责人）	周期		隐患问题描述	备注
					工程技术	关键设备/部件					3	天	可能存在的隐患问题1	
													可能存在的隐患问题2	
						安全附件					2	周		
						工艺控制								
						安全仪表								
						其它								
					维护保养		动设备							
							静设备							
					人员操作		人员资质							
							操作规程							
							工艺指标							
					应急措施		应急设施							
							个体防护							
							消防设施							
							应急预案							

备注：此样例仅供参考。

图 5　春源化工安全风险清单及隐患排查内容表

措施、维护保养措施、人员操作措施以及应急处置措施等。接下来，将管控措施和排查内容与隐患库数据打通，此过程将实现线下管理向线上的转变，将相关数据体系化，并纳入数据库管理。

通过数据初始化收集并整理相关的安全风险信息和隐患排查内容，快速建立安全风险清单以及隐患排查内容表，并将其规范化导入系统，以确保数据的准确性和及时性。

3.2 第二阶段：手机端自动生成风险分析单元管理，隐患排查任务；责任落实到一线岗位的具体责任人

隐患排查治理：梳理排查标准，将风险点 / 风险分析单元排查下沉到一线岗位，将隐患提报、隐患整改、验收闭环分解到不同岗位，帮助企业落实法律责任。用户可按每时、每日、每周、每月、每季、临时等形式自由制定隐患排查周期，将责任具体落实到对应的岗位，在线提报；对在检查过程中发现的问题，及时拍照、记录，系统会自动生成隐患管理，推送整改人进行整改，整改后推送给验收人完成验收闭环。真正将风险检查与设备设施联动起来，将风险检查与隐患管理联动起来，实现隐患管理动态化，降低事故发生概率。

图 6、图 7　春源化工安全管理人员手机 APP 管理端

4．市场应用及未来展望

4.1 市场应用

4.1.1 案例一：春源化工

山东潍坊春源化工有限公司（以下简称“春源化工”）在使用了安全生产信息化管理平台后，企业安全生产各项记录提报效率方面实现了100%的提升。举例来说，晨会管理记录过去需要15～20分钟的时间，而现在在线上仅需20秒钟即可完成；特殊作业票证办理过去需要1.5～2个小时，现在不到20分钟就能跑通全流程，大大节约了时间。

同时，人员违规违章基本清零。比如，特殊作业全过程视频监控智能分析导入后，整个作业过程全部可视化，人员违章违规彻底防范，抽烟、不穿工作服、不戴安全帽等违规行为抓拍后，不良习惯基本消失。

图8　春源化工人员在岗在位管理平台

4.1.2 案例二：某能源集团新材料工厂

安环部门负责人通过安全生产信息化大屏，实时观察生产人员在厂区的工作状况，第一时间了解工厂安全生产态势，一旦发现员工有懒岗离岗行为第一时间知晓；员工在现场遇到突发状况，通过随身携带的定位工牌，仅需数秒就能让中心知道情况；一旦发生事故，本系统可以让企业及有关救援部门第一时间知道事故区域人员的所在位置，实现精准救援，及时拯救生命，把事故损失降到最低。

4.2 未来展望

目前系统的智能化程度仍有待进一步提升，未来商汤科技计划将安全管理系统向智能化系统升级，引入大模型等最新人工智能技术，在巡检、生产等应用领域逐步加大智能化应用，提高系统智能化水平。另外，在安全学院等模块通过引入多模态的应用，提升用户交互体验和学习效果，进一步助力企业提升安全管理水平。

PKU Innovation Review

编委会点评

社会价值：

安全生产是国家的重要战略，市场对安全风险智能化管控系统的需求日益增加。新兴科技的综合运用将安全生产信息化建设推向新高度，实现垂直闭环、安全物联、统一管理等创新功能，将有效提高安全风险防护水平，使企业安全风险得到细致全面的掌控，为事故预防和应急处置提供强大支持。这对防范重大安全事故、保障人民群众的生命财产安全，具有重要的社会意义。

创新价值：

商汤科技在系统的构建和功能设计上进行了创新。系统集成了多个应用系统，采用了B/S架构，实现了一平台多系统的便捷操作。通过智能算法和视频监控分析模块，实现对异常状态和违规行为的实时识别和报警，为企业提供了高效的管理手段。同时，系统支持内容物推送、自定义拓展等功能，极大减轻了企业的管理负担，并且易于学习使用。商汤科技还不断推进智能化系统的升级，引入大模型等最新人工智能技术，展望未来，将在安全学院等模块进一步提升用户体验和学习效果。以上创新使系统更加智能化、高效化和人性化，为企业提升安全管理水平提供了强有力的支持。

百度盘古：工程机械智能作业平台突围产业智能化升级

摘要：百度研究院牵头研发全球领先的工程机械智能化解决方案：百度盘古工程机械智能作业平台（以下简称：百度盘古），通过多传感器融合的环境感知、智能任务规划以及精确闭环控制，实现了大型工程机械的全自动化无人作业，降低事故发生的概率，提高作业效率，优化资源利用，实现更高效的工程作业和施工，对于推动能源、矿山、建筑、材料等行业向智能化、绿色化方向转型升级具有重要意义。百度研究院技术成果获国际顶级期刊 *Science* 子刊《*Science Robotics*》刊发，相关团队在计算机视觉和机器人等相关领域的国际顶级期刊和会议上发表学术论文 100 多篇，为整个行业的发展做出了积极贡献。

关键词：智能作业系统　工程机械　自动化　人工智能

1．背景说明

挖掘机、装载机等工程机械设备，在能源、矿山、建筑、材料等各个行业中都有着广泛的应用和重要的地位。这些设备不仅提高了作业效率，还推动了行业的发展，为现代社会的建设提供了强大的支持。

在建筑业中，工程机械设备具有不可替代的作用。例如，在房屋建设过程中，挖掘机用于土地挖掘和平整，装载机则用于物料的搬运，它们保证了工程的顺利进行。此外，工程机械设备还可以用于道路、桥梁、隧道等基础设施的建设，为社会的交通和经济发展提供有力的支持。在矿业行业中，工程机械设备的作用更加突出。例如，在矿山开采中，挖掘机用于矿石的挖掘，铲运机、梭车用于矿料的运输。这些设备的高效运作，不仅可以提高矿山的开采效率，也可以增加矿产资源的供应。除了上述行业之外，工程机械在化工行业、材料加工等领域也有广泛的应用。工程机械可以用于原材料的混合、加工和输送，从而满足这些行业的各种生产和运输作业需求。

1.1 政策背景：支持智能化发展，推动无人化进程

为了支持机械设备更加高效安全地完成工程建设、物料开采运输等施工任务，国家出台了诸多政策来支持工程机械的智能化和无人化发展。

2021年6月，国家能源局、国家矿山安全监察局发布《煤矿智能化建设指南（2021年版）》[1]，“重点突破智能化煤矿综合管控平台、智能综采（放）、智能快速掘进、智能主辅运输、智能安全监控、智能选煤厂、智能机器人等系列关键技术与装备，形成智能化煤矿设计、建设、评价、验收等系列技术规范与标准体系，建成一批多种类型、不同模式的智能化煤矿，提升煤矿安全水平”“鼓励具备条件的矿井探索应用无人驾驶相关技术，研发应用地面远程遥控驾驶和智能化自动驾驶技术，采用环境感知、定位导航、路径规划等技术，实现车辆自动启停、自主避让、自动跟车等功能。鼓励开展井下辅助作业的机器人替代。”

2022年1月，住建部发布的《“十四五”建筑业发展规划》[2]提出：加强新型传感、智能控制和优化、多机协同、人机协作等建筑机器人核心技术研究，研究编制关键技术标准；积极推进建筑机器人在生产、施工、维保等环节的典型应用，重点推进与装配式建筑相配套的建筑机器人应用，辅助和替代“危、繁、脏、重”施工作业。

2023年1月，工业和信息化部联合教育部、公安部等十六部门联合印发《“机器人+”应用行动实施方案》[3]，落实《“十四五”机器人产业发展规划》[4]中“拓展应用深度广度”重要任务。该方案提出重点领域“机器人+”应用，聚焦制造业、农业、建筑、能源等十大重点领域，紧密结合相关领域的需求，开展从机器人产品研制、技术创新、场景应用到模式推广的系统推进，从而赋能千行百业数字化智能化转型。

1.2 行业现状：用工成本高企，风险事故难控

用工困难，熟练工人日益紧缺，施工环境恶劣，作业风险高等因素都严重制约着矿山、能源、化工等行业的工作效率，不断提高这些行业的用工成本。因此，通过人工智能技术对工程机械进行无人化改造，是提高企业作业效率，避免人工操作失误和安全事故发生的必然选择。

---

[1] 国家能源局、国家矿山安全监察局：《煤矿智能化建设指南（2021年版）》，2021年6月9日。
[2] 住房和城乡建设部：《“十四五”建筑业发展规划》，2022年1月19日。
[3] 工业和信息化部等：《“机器人+”应用行动实施方案》，2023年1月18日。
[4] 工业和信息化部等：《“十四五”机器人产业发展规划》，2021年12月28日。

1.2.1 熟练工程机械驾驶员越来越少

随着基础设施建设再度提速，我国工程机械行业发展势头强劲。仅 2022 年 1～8 月，工程机械产销分别完成 148.4 万台和 146.6 万台，同比增长 18% 和 16.4%。这样巨大增长的背后，是中国能源、矿山、化工、材料等多个行业多个场景的巨大工程施工作业需求。而与之形成巨大反差的是：很多工程施工现场因为环境恶劣、劳动强度大，愿意从事工程机械施工的年轻人减少，具备熟练操作能力和技巧的挖掘机操作手也越来越少。因此，对使用工程机械进行生产的工业企业来说，由于人口红利减退，适龄劳动人口逐渐减少，招工难的问题在近些年来越来越明显。

1.2.2 施工环境恶劣，作业风险巨大，限制行业发展

以矿山行业为例，施工风险高，作业环境恶劣，安全事故时有发生。地下矿山存在着高温、浓烟、缺氧等职业危害；露天矿山有沥青高温辐射、扬尘等危害。这不仅严重影响工人的身心健康，也容易导致操作失误，引发事故。根据中国国家矿山安全监察局的数据统计，仅 2020～2022 年，矿区安全事故就累计达 1157 件，死亡人数累计 1594 人[1]。安全事故的发生对遇难员工是难以承受的悲剧，对发生事故的企业也是巨大的损失。

表 1　2020-2022 年矿山事故及死亡人数统计（数据来源：国家矿山安全监察局）

	矿山事故（起）	矿山事故导致死亡（人）
2020	434	573
2021	356	503
2022	367	518
总计	1157	1594

2. 创新描述

针对上述挑战，百度研究院相关团队牵头开发了无人挖掘机智能作业系统——百度盘古，致力解决这些行业痛点。该系统集成了三维环境感知、任务规划、闭环控制三大核心模块，可以实现对挖掘机的全自动驾驶和智能作业。

[1] 国家矿山安全监察局网站：2020-2022 年度政府信息公开工作年度报告。

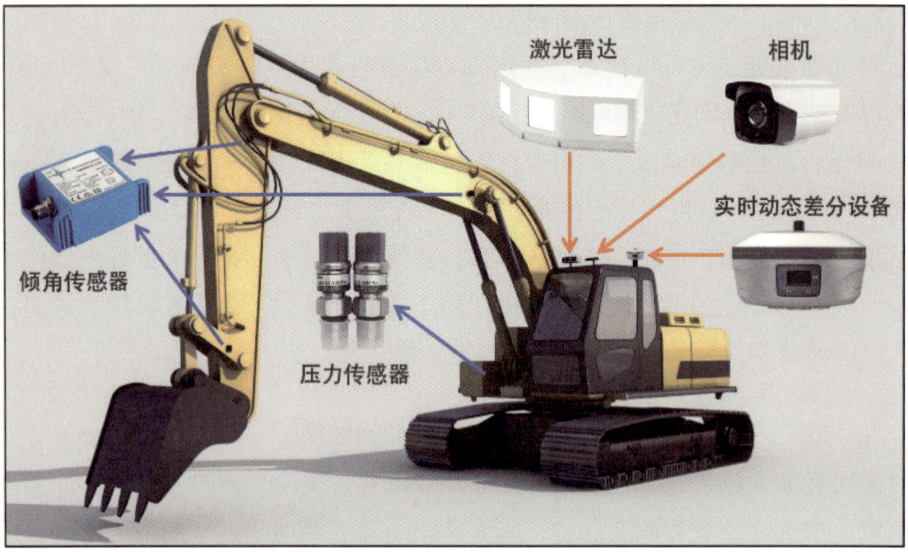

图 1　百度盘古无人挖掘机作业系统

2.1 智能作业平台：云边端有机构成

百度盘古工程机械智能作业平台，采用了“云”“边”“端”的技术架构，三者的有机结合共同构成了一个成熟可靠的智能化系统，实现了对工程机械的线控化、智能化和网联化改造。

“云”指的是工业互联层，基于百度盘古的技术改造，将所有相关作业数据上传到云端作业管理平台。通过这个平台，企业可以在云端通过友好的人机交互界面，实时查看无人机械的运行状态，并发送相关的控制指令，进行远程运维和对机械集群的集中调度管理。

“边”指的是 AI 与边缘计算层，承载着百度盘古的核心技术：利用计算机视觉和深度学习技术，研发出以环境 3D 感知、智能检测识别、实时运动规划、高精运动控制为核心的 AI 算法模型，就像给被改装的工程机械加装了一个“智慧大脑”，可以拆解复杂施工任务，规划作业顺序，制定最优挖掘、铲运策略，做到精准执行自主化行走和自作业等操作，确保高效高质地完成相应施工任务。

“端”指的是硬件终端与接口层，通常指的是各种类型的工程机械设备，如挖掘机、推土机、装载机等，通过在这些设备上加装激光雷达、RGB 彩色相机、倾角传感器、惯导 IMU、RTK 定位等先进传感器设备，完成对整个施工环境的物理感知和实时监测。

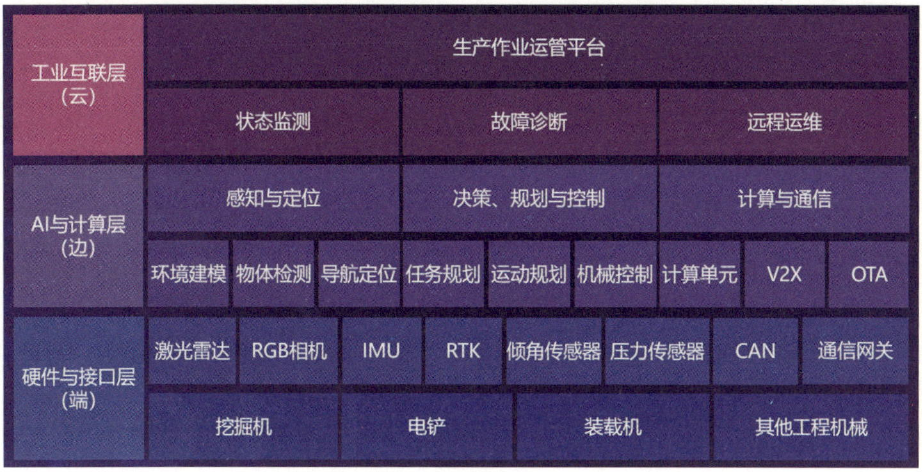

图 2　盘古无人作业平台——技术框架

2.2 系统创新优势：全面实现自动智能化

百度盘古最大的优势在于实现了对挖掘机的全自动驾驶和智能作业。它可以自主完成从环境理解、任务规划到运动控制等一系列复杂工作。

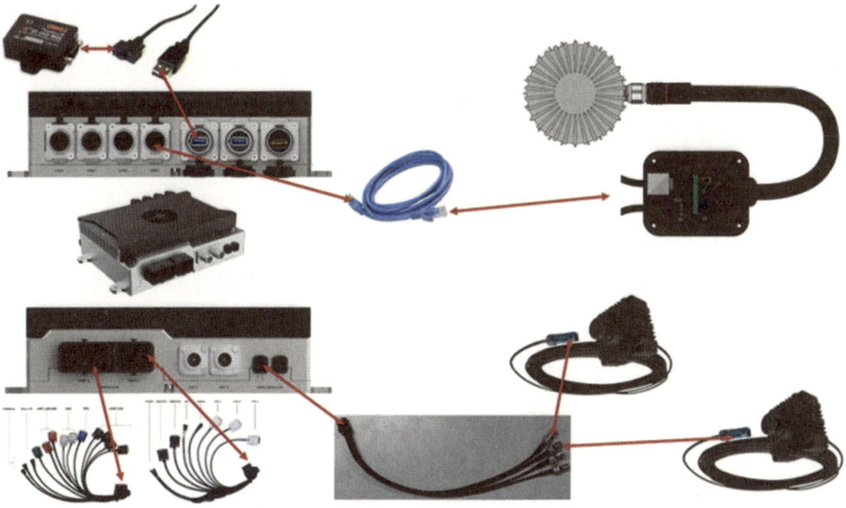

图 3　百度盘古核心硬件系统

2.2.1 多传感器融合实现对复杂环境的精确感知，提高环境适应性

百度盘古在环境感知模块采用了多传感器融合的方式，即同时使用摄像头和激光

雷达进行信息获取，并通过深度学习算法进行数据融合。这种设计实现了对复杂环境的鲁棒性感知，是系统的首要创新之处。

具体来说，相机可获取图像信息，进行目标识别；而激光雷达提供准确的三维结构信息。单独使用任一传感器都存在局限，如相机对遮挡物体识别效果较差，激光雷达对目标语义解析度有限。但把两者结合便可实现互补，获得更全面和精确的环境信息。在数据融合层面，深度学习算法可处理异构数据，生成高精度三维环境模型。

这种多源异构信息的融合，可大幅提升环境理解的质量，使百度盘古适应更加复杂的场景，比如光照变化、粉尘遮挡等情况，既保证作业效率，又确保安全性。相较单一传感器，这种设计增强了对外部环境的鲁棒性感知能力，是百度盘古区别于其他原型系统的重要创新之处，直接影响了系统的智能化水平。

2.2.2 运动控制实现精确闭环控制，确保作业质量

百度盘古在铲斗精确控制方面进行了关键创新，实现了高质量的闭环控制，可比拟人工操作。控制系统计算各旋转关节的目标角度，并精确控制其运动，使铲斗严格匹配预定的挖掘轨迹和要求，避免出现偏差。在执行过程中，系统通过倾角传感器等的实时反馈调整控制量，形成闭环，以完成精确挖掘。

如果打开控制回路，仅依靠预定轨迹进行开挖，极易出现偏差。百度盘古的闭环控制可实时补偿偏差，确保高精度符合作业要求。这种程度的精密控制是工程机械领域的核心难题与挑战，百度盘古在控制算法上进行创新，使系统达到人工作业水平，大幅提升自动化工作效率。

2.2.3 任务规划算法实现智能高效无人作业

百度盘古在任务规划模块使用先进的算法，实现人工智能自主作业，可自动规划效率最优的作业方案。

百度盘古能够使用深度学习等算法解析三维环境，像人类操作员一样“思考”，对目标及环境进行解析，制定最佳作业顺序，计算出效率最高的行动方案。相比人工经验规划，这种 AI 数据驱动的方法可以更全面地考虑复杂情况，避免重复作业等低效情况，在保证作业质量的前提下，最大程度提升效率。

智能规划是百度盘古实现自主作业的关键，不仅提高了效率，也可降低设备损耗、节约能源等。它体现了数据算法在复杂规划中的优势，是百度盘古区别于传统机械的智能之处，也是工程机械自动化的核心进步。

3．技术实现路径

3.1 第一阶段：需求分析和技术规划

百度研究院很早就关注到了多个行业和场景都存在由于工作环境和能力要求等原因，工程机械驾驶招工难的人力短缺问题；工程机械操作手还会遇到塌方、恶劣天气等问题，这些问题为施工和生产带来了巨大挑战。

在需求分析的基础上，团队着手规划百度盘古的技术架构，决定将感知、运动规划和控制系统融合，并以 AI 算法为核心进行设计。感知模块使用多种传感器融合和感知算法，实现了挖掘机在不同工况和恶劣环境下的自主作业，保证了百度盘古的作业效率、鲁棒性和泛化能力。作业和运动规划模块融合数据驱动的学习算法和优化算法，实现了挖掘位置和铲斗轨迹的快速计算，确保了作业效率。控制系统则通过高精度运动控制算法，确保了被改装的机械各机构的精准运动控制。

3.2 第二阶段：算法实现与集成测试

在需求分析和技术规划确定后，团队开始着手实现百度盘古的各个系统。这个阶段包括算法实现、软件开发和硬件集成等工作。感知系统通过低成本相机和激光雷达等传感器实时生成高精度的三维环境地图，再结合计算机视觉和深度学习算法，检测作业环境中的障碍物、运输卡车、标识和人员，并识别作业物料材质等信息。百度盘古根据感知系统提供的信息，进行快速作业规划和多自由度的机械各关节运动路径规划，以提高作业效率并降低机械损耗。通过高精度运动闭环控制算法，百度盘古实现了工程机械各机构的精准运动控制，解决了传统工程机械中运动控制无法闭环、轨迹难以跟踪、跟踪精度差等难题。此外，百度盘古还提供一整套软件和界面设计，协助终端用户完成系统的操作、部署和使用。

3.3 第三阶段：实现落地应用，助力产业智能化

百度盘古已经落地工业废料处理、建筑等相关领域，在实际的无人化、自动化应用中发挥重要作用。以工业领域为例，百度盘古实现了工业废料连续 24 小时自动上料功能，助力工业废料处理产线实现全程的无人化处理，安全生产。在工业废料上料过程中，百度盘古感知模块首先进行工业废料的地形三维重建，确定待挖掘区域；运动规划模块根据感知模块的信息反馈设计运动轨迹，控制模块根据运动轨迹进行工业废

料处理。目前，百度盘古赋能的无人挖掘机系统已在工业废料处理产线上无故障作业了 1 万小时，充分显示了其稳定性，有效减少了工业废料对挖掘机操作手的损害，为客户大幅节省了人力成本，提升了施工效率。

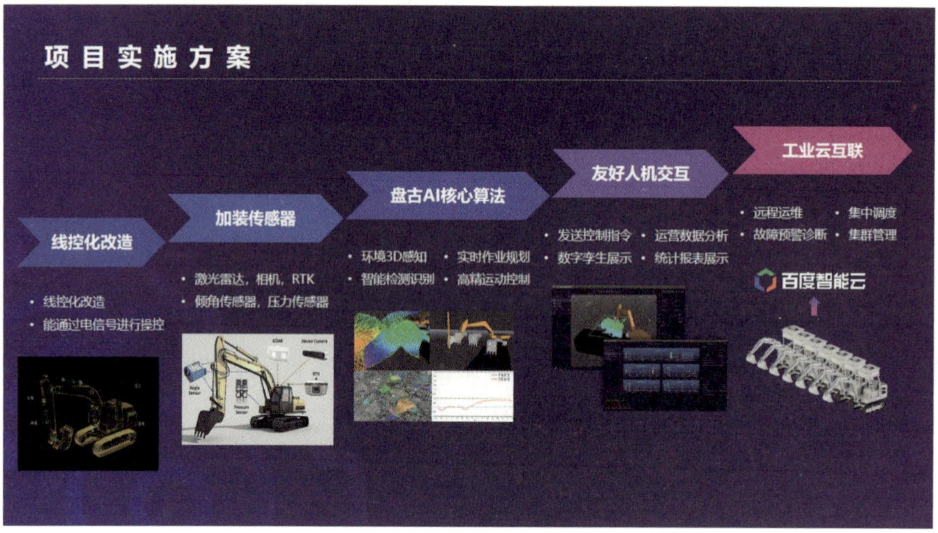

图 4　百度盘古项目实施方案

4．市场应用及未来展望

4.1 市场应用

4.1.1 盘古无人挖掘机系统，推进建筑业智能化升级

中建新疆建工（集团）有限公司（以下简称“中建新疆建工”）是我国知名的大型建筑企业，业务范围覆盖房屋建筑、基础设施等多个领域。挖掘机作为基础设施建设中必不可少的主力工程机械设备，在资源开采、工业生产、建设施工和抢险救灾等领域有着广泛的应用。但也明显存在着诸多如工况复杂、作业环境恶劣、安全事故频发、工期紧张、用人成本居高不下等痛点问题。基于这样的背景，中建新疆建工选择与百度展开合作，使用盘古无人挖掘机系统，推进建筑业智能化升级。

2023 年 4 月，百度研究院相关团队与中建新疆建工在广州联合发布了行业首个“面向建筑场景的无人挖掘机系统”，该系统基于盘古进行多场景优化，帮助无人挖掘机结合 3D 环境建图和高清定位，多次巧妙地避开坑洼、障碍物等区域，实时测量已挖沟槽的尺寸，及时调整行进速度和方向，高效智能地执行了自主行走、无人自动装车卸车、回退挖沟等既定任务。

4.1.2 盘古工程机械无人作业平台，助力工业生产智能化

在百度盘古的基础上，百度研究院联合百度智能云事业部研发了“盘古工程机械无人作业平台”，基于盘古平台的挖掘机没有驾驶员操作的情况，自主感知作业环境、规划任务并完成作业。

图 5　无人挖掘机作业现场

在工业废料处理的应用中，百度盘古平台发挥了显著的作用。两台装备了盘古平台的无人挖掘机累积作业时长超过 1 万小时，挖掘的废料总量已超 166 万斗。盘古平台赋能的无人挖掘机已被部署到一家安徽铜陵的工业废料处理厂的流水线上，实现了全程无人化作业，而且能保证长时间无故障连续运行，保证了废料上料过程的高效和连续运行。

4.1.3 海外市场拓展

百度盘古成功地将其应用拓展到海外市场，打造了商业出海标杆应用。举例来说，百度研究院与智利一家专注于为采矿、能源和建筑等特定行业提供重载运输和起重解决方案的公司开展了深度合作，这项合作旨在为客户提供先进的矿山大型工程机械智能化解决方案，以提高大型工程机械的操作安全性和效率。在这个商业项目合作中，百度盘古打造智能起重机安全预警系统，其中包括周边环境感知模块，用于监测施工环境信息，为操作员提供全面的安全威胁预警。

图 6　大型起重机智能安全预警系统

基于此前合作的成功经验，双方进一步深化合作，将智能系统扩展至大型矿用装载机领域。针对客户复杂的施工需求，百度盘古开发了辅助驾驶员决策功能，旨在使装载机在复杂的施工现场中更有效地应用。在集成和测试阶段，智能装载机系统在恶劣的工作条件下进行测试，包括高温、矿尘等恶劣环境，以及夜间低光或人工光的条件。

这一系列出海合作不仅展示了百度盘古在技术创新和实际应用方面的卓越表现，也证明了它在国际上的行业领先地位，为特定行业提供了先进的智能解决方案，推动了工程机械领域的安全性和效率的提升。

4.1.4 技术创新国际影响力

百度盘古在技术创新和实践领域得到了国际同行的广泛赞誉，形成了一定的国际影响力。尤其值得一提的是，*An Autonomous Excavator System for Material Loading Tasks* 一文发表于国际权威杂志 *Science* 的 *Science Robotics* 期刊，为百度盘古赢得了国际认可。近年来，百度研究院相关团队在机器人和计算机等领域的顶级会议和期刊上发表了超过 100 篇论文，涵盖了 TPAMI，CVPR、ICCV、ECCV、RSS、ICRA、IROS、AAAI、ACC 等国际知名期刊和会议，还受到了美国斯坦福大学、苏黎世联邦理工学院等著名国际学术机构的引用。这些论文不仅彰显了团队在前沿领域的杰出研究成果，也有力地证明了百度盘古在技术创新方面的国际引领地位，以及对整个行业的发展做出的积极贡献。

4.2 未来展望

百度盘古是业内首个实现长时间自动作业的无人挖掘机系统，标志着在AI能力赋能下我国在工程机械自动化技术方面取得的重要突破。在实践中，百度研究院团队积极践行了百度一直倡导的“反馈驱动创新”实用路径。通过充分借鉴市场反馈，从技术研发到产品实际应用的整个过程，持续收集反馈信息，加强创新动力。这些宝贵的反馈信息不仅被用于产品的优化改进，还被融入技术的不断升级之中。百度研究院团队认为，创新不是凭空产生的，而是通过与市场的紧密结合，通过获取反馈信息来推动创新和技术的进步。这种理念强调了与实际需求相结合的创新过程，以确保所开发的技术和产品能够真正满足市场的需要，通过积极倾听市场的声音，不断进行技术改进和优化。

虽然百度盘古取得了显著的进展，在未来的发展过程中，仍然面对一些挑战和难题。首先是场景数据积累。实现自动化和智能化需要大量的场景数据进行学习和训练，以确保系统具备广泛的应用能力和稳定性。其次是环境算法适配。不同作业场景中的地形、障碍物、光照等因素都可能对自动化作业产生影响，算法需要不断改进和优化，使之能够适应各种复杂多变的环境条件，不断提升算法的鲁棒性和适应性。

未来，百度盘古会持续聚焦恶劣环境的施工场景，并进行深入的研究和行业复制，力争把劳动者从恶劣危险环境中释放出来，让他们可以轻松利用智能技术，更加安心地完成工程建设、矿产开采和原材料加工。

在百度盘古工程机械智能化突围的背后，更是百度深耕多年的人工智能技术的支撑。进入人工智能时代，IT技术的技术栈发生了根本性变化，从过去的三层到现在的“芯片—框架—模型—应用”四层。百度是全球为数不多的在这四层进行全栈布局的人工智能公司，从高端芯片昆仑芯，到飞桨深度学习框架，再到文心预训练大模型，最后到搜索、智能云、自动驾驶、小度等应用。其优势在于可以在技术栈的四层架构中实现端到端优化，大幅提升了效率。百度将持续推动人工智能技术进步，繁荣生态，赋能千行百业，加速产业智能化。

PKU Innovation Review

编委会点评

社会价值：

在当前智能科技高速发展的背景下，自动化、智能化、无人化系统在能源、工业、农业等关键领域的广泛应用具有重要的社会价值。首先，为基础生产领域带来了跨界创新，降低事故发生风险，提高作业效率，优化资源利用，从而推动行业向智能化、绿色化方向转型升级。其次，减少了高风险的人工作业，解决了工程机械行业面临的招工难、劳动力成本高等问题，也促进了劳动者身心健康的发展，推动了社会效益的进一步提升。

创新价值：

百度盘古系统在技术上具有明显的创新价值。其多传感器融合感知技术实现了对复杂环境的精确感知，提高了系统的环境适应性和鲁棒性。通过相机和激光雷达的数据融合，生成高精度三维环境地图，使系统能够在复杂场景下正常运行，避免了传统单一传感器的局限性。而系统的运动控制实现了精确闭环控制，使挖掘机能够达到接近人工操作水平的高精度作业。这种控制算法的创新是工程机械领域的核心难题，使自动化工作效率得到显著提升。百度盘古的智能任务规划算法实现了自主作业，能够自动规划效率最优的作业方案。通过数据驱动的学习算法和优化算法，系统能够全面考虑复杂情况，提高了作业效率，减少了资源浪费。

擎朗医疗：智能物资配送机器人提升医疗智慧物流体系效能

摘要：上海擎朗智能科技有限公司（以下简称：擎朗医疗），推动医疗物流体系智慧管理的不断升级。其中于 2022 年 7 月助力作为“五个新城”中首家建成的三甲专科医院——国妇婴奉贤院区开启对医院数字化转型的探索，引入多功能物流服务机器人，打造智慧医院建设新篇章。

关键词：智慧医院　擎朗医疗　智慧化物流

1. 背景说明

1.1 政策背景：响应数字医院号召，加快智慧化医院建设

根据《智慧医院建设指南》(DB34/T 4011-2021)[1]，智慧医院是运用云计算、大数据、物联网、移动互联网和人工智能等技术，通过建立互联、物联、感知、智能的医疗服务环境，整合医疗资源，优化医疗服务流程，规范诊疗行为，提高诊疗效率，辅助临床决策和医院管理决策，实现患者就医便利化、医疗服务智慧化、医院管理精细化的一种创新型医院。

智慧医院的建设需要以信息化为基础，逐步实现互联互通，解决“信息孤岛”问题，以大数据为依托，实现智能精准临床和精细管理，提高整体医疗效率和水平。当前医院信息化发展的水平和模式不尽相同，大多数还存在系统与业务匹配度不高、软

[1] 安徽省地方标准《智慧医院建设指南》(DB34/T 4011—2021) 规定了智慧医院的定义，提供了智慧医院建设的总体要求、建设框架和建设内容等方面的具体建议。该标准适用于医疗机构智慧医院的规划与建设。

硬件兼容性不高、各系统之间互联互通所需接口量巨大以及医院管理者和使用者缺少理论研究及创新能力等问题。

2022 年，国家卫健委、国家中医药局、国家疾控局联合印发《“十四五”全民健康信息化规划》（以下简称《规划》）。[1]《规划》提出“开展医疗健康机器人应用试点。推进面向卫生健康行业的服务机器人和特种机器人的研制及应用，主要包括手术、护理、检查、康复、咨询、配送等医疗康复机器人及检验采样、消毒清洁、室内配送、辅助巡诊查房、重症护理辅助操作等卫生防疫机器人。”

第七次全国人口普查数据[2]显示，中国的劳动适龄人口在 10 年里减少了 4000 万，机器人开始走上人类的工作岗位，弥补了人员短缺带来的生产力不足。物品配送、环境消毒类工作岗位动作单一且高度重复，是机器人“补位”的良好场景。

2023 年 2 月，中共中央、国务院印发《数字中国建设整体布局规划》，[3]也为医疗行业的数字化转型带来顶层设计的政策支撑。除了明确提出建设目标之外，此次《规划》强调把各项任务落到实处，从加强组织领导、健全机制体制、保障资金投入、强化人才支撑、营造良好氛围五大方面保障《规划》的执行。其中特别提到“推动数字技术和实体经济深度融合，在农业、工业、金融、教育、医疗、交通、能源等重点领域，加快数字技术创新应用”。

1.2 行业痛点：物资配置低效，存在一定风险

1. 人员流与物品流混杂，增加交叉感染危险性：在使用传统方式进行医疗物品户外 / 室内配送时，人员与物资使用相同通道，人员与物资挤占电梯，使物资输送过程中交叉感染的危险性增大。

2. 物资漏发、错发时有发生：部分医院 / 科研院所雇用第三方物流人员进行物资发放，由于人员的不专业，物资分发中的错发、漏发等问题难以避免，严重制约医院的高效运转。

3. 物资配送的时效性难以保障：因人员请假、疲劳造成的工作懈怠，物资经常难以按规定时间到达目的地，造成使用科室工作延误，严重影响医院的高效运转。

4. 物资配送过程无法跟踪：在越来越重视全流程信息管理的今天，人工配送过程

[1] 国家卫健委、国家中医药局、国家疾控局：《“十四五”全民健康信息化规划》，2022 年 11 月 9 日。
[2] 国家统计局：《第七次全国人口普查公报》，2021 年 5 月 11 日。
[3] 新华社：《数字中国建设整体布局规划》，2023 年 2 月 27 日。

成为信息化监管的管理空白。一旦出现错误，查找问题原因的过程十分繁琐。

5. 物资配送占用医务人员大量精力：护理工作中如无菌物品、实验试剂、灭菌物品药物配送、标本送检、手术包配送、污物回收等非直接工作占用医务人员大量的时间和精力，工作人员工作幸福感低、工作效率低。

1.3 行业现状：紧跟智能化趋势，加快智慧化转型

基于上述行业痛点，随着技术的不断进步和应用的不断深入，医院物流机器人已经在医疗领域得到了广泛的应用，帮助医院物料实现智能优化、提质增效。医院物流机器人行业发展呈现如下特点。

1. 技术水平不断提高：医院物流机器人行业的技术水平不断提高，机器人的智能化和自主化程度越来越高，能够完成更加复杂和精准的任务。

2. 产品类型多样化：医院物流机器人种类繁多，覆盖医院不同科室不同运载量的运输需求。这些机器人能够完成不同的任务，满足医院的各种需求，提高了医疗服务的多样性和灵活性。

3. 应用范围广泛：医院物流机器人已经在各级医院得到了广泛的应用，包括大型医院、养护院、诊所和社区卫生站等。机器人的应用不仅提高了医疗服务的效率和质量，还为患者提供了更加舒适和便捷的就诊体验。

4. 市场竞争激烈：医用服务机器人行业市场竞争激烈，企业之间的竞争不仅仅是技术水平，还包括产品质量、售后服务、价格等因素。

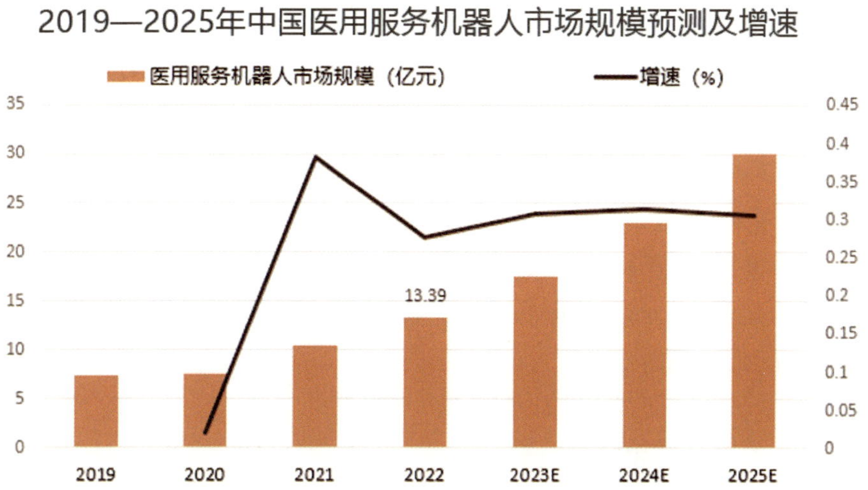

图 1　2019—2025 年中国医用服务机器人市场规模预测及增速

2．创新描述

在本案例中，擎朗医疗深度结合国妇婴奉贤院区不同科室的实际情况，制定了“入院即刻开启智慧化就医体验”的全流程一站式服务和覆盖门诊中心、手术室、检验科、消毒供应中心等全场景的数智化医院解决方案。当前，国妇婴奉贤院区投入使用十余台擎朗医疗机器人、几十个货柜，分别承担药品配送、导诊测温、无菌包运输、标本转运、污物回收、被服运输和消毒等场景的工作，有效地助力国妇婴奉贤院区实现精细化、智慧化管理，全面提升医疗服务质量。

2.1 创新技术构建“立体、高效、无人”的通用运输系统

智能物资配送机器人系统解决方案实现院内重点科室全覆盖，解决手术室、静配中心、检验科、住院药房、消毒供应中心等与病区之间大批量运输的难题，构建全方位、立体化的院内物资配送系统，在全院内搭建“立体、高效、无人”的通用运输系统，由机器人在各科室之间来回运输物品，同时构建便捷、高效的信息化管理平台，为现代化医院提供数字化、信息化物流管理方案。

物流机器人系统是集成了机器人、传感器、软件系统等的综合性、专业性、智能化、信息化系统。与工业物流机器人不同，医疗物流机器人运行场景更为复杂，安全可靠性要求更高。经过大量的医疗实践，机器人提供通过 CE、RoHS 等多项认证的院内机器人物流系统。该系统以医院需求为导向，运输各种大、中、小型医用物品。

2.2 设置柔性强，适配个性定制

本案例中的物流机器人系统无需对建筑进行破坏性改造，使用场景对新老院区适配性均较高。实施部署过程快速便捷，机器人布置灵活，按需增减。无铺设轨道等固定装置，不受场地、道路和空间的限制，设置柔性强。

根据医院不同的情况，提供配套的信息化管理软件（包括物品、耗材管理系统等）根据运送物品形态的不同，可以定制不同形态和不同尺寸的箱体，设计灵活；满足特殊场景功能应用需求，如上下电梯、特殊物品（毒麻管控类药品）运输、权限管理、物品追溯、自动门改造等。

2.3 洁污分流，避免交叉感染

机器人洁污物资分别规划专用通道，使用专用电梯，洁污分流，优化和规范院内

物流流程，物资配送全流程避免交叉污染感染。

2.4 运输效率高，可持续升级

机器人可 7×24 小时连续作业，提高院内物资周转率；单次运载量大，一次配送多个病区的医疗物资。物流机器人可传输大批量重型物资，通过引入新一代多连杆阻尼减震系统，让机械减震能力变得更强，配送安全性更高，稳定性更好，定位更可靠。据统计，可为医院节省约 34% 的运输时间。机器人与系统的功能皆可持续升级。

2.5 配置灵活，物资覆盖率高

机器人物流对基建要求较低，按医院业务需求灵活增减配置。大载重量可满足 90% 的院内物资运输，主要取代劳动密集型的人工手推车配送方式，除覆盖药房、PIVAS、消供中心等与病区间大批量运输外，亦满足手术室等职能科室内部物流管理需求，能实现楼宇间和楼层间的高效传输。

2.6 配送安全，全程可追溯

通过全院物流中央调度决策系统，实现物资配送过程全流程追溯，实时定位。配送数据实时、在线监管，永久保存，物流、信息流全程监管并无缝对接。通过机器人集群控制算法实现了机器人之间的协同工作。机器人之间可以实时共享位置、任务进度等信息，并进行有效的协调和合作。这使得多台机器人能够同时工作，在保证任务完成的同时，最大限度地减少了机器人之间的冲突和碰撞，提高了配送系统的稳定性。

图 2　擎朗医疗为国妇婴奉贤院区提供的全场景机器人矩阵

3. 项目运作节奏

医院物流机器人项目的过程可以分为以下阶段。

1. 勘查阶段：这个阶段主要是进行需求分析和现场勘查，了解医院的具体布局、物流流程以及需求量等情况，从而确定医院物流机器人项目的目标和方案。

2. 解决方案阶段：在这个阶段，需要根据勘查阶段的结果，制定解决方案，包括机器人的类型、数量、部署位置等，同时还需要确定相应的技术方案和实施方案。

3. 实施部署阶段：这个阶段主要是进行机器人的部署和安装，同时进行调试和测试，确保机器人的运行稳定可靠。

4. 运营服务阶段：在这个阶段，需要开展运营服务，包括机器人的日常维护、故障处理、定期保养等，同时还需要对机器人的运行情况进行监控和分析，不断优化和改进。

在每个阶段，都需要相应的数据来评估和监控项目的进展和效果。例如，在勘查阶段，需要收集医院的相关数据，包括医院面积、物流流程、病人数量等；在解决方案阶段，需要分析这些数据，确定机器人的类型、数量、部署位置等；在实施部署阶段，需要对机器人的部署和运行情况进行记录和监测，同时进行调试和测试，确保机器人的运行稳定可靠；在运营服务阶段，需要对机器人的运行数据进行监控和分析，不断优化和改进。

医院物流机器人在项目分步实施后可应用以下方案：

1. 门诊中心就医引导解决方案

后疫情时代，对进院人员进行全员发热筛查和口罩检测，是医院防疫的第一道防线。在国妇婴的门诊中心和产前诊断中心，分别配备了一台擎朗医疗 G2 测温导诊机器人。就诊高峰时期，G2 测温导诊机器人平均每天测温过千人次，并通过巡回检查，提醒体温异常者规范佩戴口罩，有效降低病患与医护人员交叉感染的风险。同时，该机器人还具备导引功能，可以指引就诊病患完成挂号取号、找医生诊断、做检查、拿检查结果、找医生看结果、开药直至离院全过程，有效提升病患就诊体验。

2. 手术室医疗物品配送管控解决方案

手术室是医院材料的消耗重地，也是物资配送的高频场景。为此，擎朗医疗推出覆盖对术前、术中以及术后运输配送需求的手术室物流解决方案，全方位提高医护人员的工作效率和手术换台率。

入驻国妇婴奉贤院区手术室中心后，擎朗医疗 M101 配送机器人代替“传统人力 + 推车”的运送模式，主要承担术后污物回收工作，平均每周执行任务上百次，让医护人员将更多时间和精力放在诊疗本身。擎朗医疗 M1 系列机器人基于自研专利核心算法，可实现 APP 和远程控制系统双重操作，配送动态可追踪、可回溯，药品和器械清晰地标注和信息分层，实现全程闭环管理；双向运行与增强避障能力，配合电梯控制系统使其在电梯中的过坎能力全面提升，减少医护人员术后跑动次数和搬运重量，有效降低交叉感染率和运输中的职业暴露风险。

在手术室的内部及生活区，擎朗医疗 M2 自主移动式消毒机可根据设定的路线在多房间或者布局复杂的室内环境下自主移动，进行自动化、定时定点、精准化消毒，在保证消毒效果的同时有效降低医护人员的职业伤害，且消毒操作记录可随时追溯查看。同时，M2 机器人可以精确计算消毒用量，有效避免消毒不彻底的问题。此外，消毒机器人依据多传感器技术，能够智能识别环境是否有人，从而及时关闭紫外线灯，避免对人体造成伤害。消毒机器人集成多种消毒方式，实现了消毒过程量化管理；机器人全程智能化操作，实现人机分离，充分保障了消毒人员的安全。

3. 检验科标本运输解决方案

检验科主要负责对病区、急诊和内部转运的标本进行运送，针对不同区域的管理属性，医院对运送工作的时效性、频率和运送方式也提出了不同的要求。在国妇婴奉贤院区的检验科，由 3 台擎朗医疗三门三舱的 M102 配送机器人和 M104 开放式配送机器人负责不同区域的标本转运工作。其中，M102 配送机器人在开关舱门身份识别功能的基础上，实现了 3 个舱门的独立控制和管理。不同科室的独立运输，降低配送中交叉感染的风险，同时还能保证标本的保密性和安全性。

4. 消供中心物流配送解决方案

消毒供应中心每天要向产科、妇科等病区运送大量的无菌包，由于运送物品重量和体积较大，擎朗医疗投入了大载重的 X101 配送机器人，厘米级精准定位，可在医院人头攒动的环境内实现精准避障绕行，提高无人驾驶安全性；结合领先的智能管理平台，可实现对运送物品包全流程的追溯管控。同时，X101 配送机器人拥有“车规级”无人驾驶底盘及防跌落传感器，有效减少行驶过程中颠簸、跌落可能对物资、电器元器件造成的影响。高峰时间段，X101 配送机器人能有效减轻医护人员工作压力。

5. 后勤物资物流解决方案

在国妇婴奉贤院区，擎朗医疗投入大载重医疗配送机器人 X101 和分体式医疗配送机器人 X201 用于耗材库房、总务库房、被服库房、中心药库及餐厅与各病区、科室之间的大宗后勤配送和管理。物流机器人的引入规范了医院的配送流程，提高了后勤物资配送的及时性，节约和优化了物资配送时间和效率，降低了因配送产生的交叉感染风险。全面优化了院内医疗资源配置，实现了后勤物资精细化管理。

6. PIVAS 解决方案

擎朗医疗 PIVAS 解决方案适用于 PIVAS 批量输液袋的无人配送，高效率的物流运转速度解决了医院高峰时段大量物资配送拥堵问题，减少了中间配送环节，减轻了一线护士的工作负担，从而优化医疗资源配置，以优化医院的静配资源管理。

7. 中心药房解决方案

擎朗医疗中心药房解决方案实现药房至各个病区的集中医嘱带药，将临床护士的时间还给患者。相较于传统的人工配送，物流机器人可以随发随走，7×24 小时作业，减少等待时间，大幅提升物资配送效率；也大大降低了药品配送差错率，提高了临床用药安全。

8. 污物物资物流解决方案

擎朗医疗污物物资物流解决方案以分体式机器人 X201+ 货柜为基础，搭配可装卸的垃圾管理站及污衣被服回收柜，可将生活垃圾、医疗废弃物、污衣被服从各科室 / 病区直接回收至污物暂存中心，实现医院污物物资收集处理的全闭环管理。对医疗废弃物实现一体化、自动化管理，提高医疗垃圾废弃物处理效率及准确度，降低感染率。同时，污物物资物流后台系统可通过信息化平台连接政府环境监督部门、医疗机构和医疗废物处理机构，实现数据交互、信息共享。

4. 未来展望

针对医院物流的诸多特性及痛点，目前擎朗医疗已发布多款新品医疗服务机器人和数智化医院解决方案，进一步助力医院智慧化建设与数字化转型。接下来，擎朗医疗会继续在医疗机器人领域深耕智慧化医院解决方案，通过应用先进的智能服务机器人和人工智能技术，为医院打造更加领先、高效、可靠、实用的解决方案，并辐射至其他行业。

编委会点评

社会价值：

基于人工智能、物联网、机器人等新技术的智慧医院基础设施建设，已逐渐成为未来新型医院发展的必经之路。在人口老龄化、技术驱动变革、医改政策推出、新业务不断涌现的发展背景下，未来，随着越来越多的技术被应用于医疗领域，医疗行业将会继续快速发展。其中，物流管理能力提升是构建智慧化医疗服务体系的重要版块，可解决平台信息化能力不足、服务创新迭代不足等问题，提升医疗行业的运营管理水平，从而推动更加高效、更加智能、更加人性化的医疗服务模式的不断发展与进步。

创新价值：

针对医院物流运输需求庞大、品种繁杂、安全要求高、时效性强、院感防控严、物资管理须追溯等痛点，擎朗智能推出数智化医院解决方案，助力医院提升物流系统的运行效率和智能化程度。擎朗医疗配送机器人是医疗行业数智化服务的重要一环，其高效、精准、稳定的配送能力为帮助医院实现物流与医疗信息流的互联互通，切实为临床、患者、管理提供全方位智能化服务，为医疗设施数智化转型提供了相应的科技动能，同时，为未来新型智能化、创新化医院的标杆打造提供了可参考的具体应用路径。

康师傅：
新兴产业 IP 塑造消费品牌创新力

摘要：中国方便食品行业是与民生保障息息相关的重要行业，方便食品企业在新时代越来越注重品牌创新和社会责任。康师傅方便事业（以下简称：康师傅），运用航天IP、数字化工具等形式积极赋能，与消费者互动交流，并将传承中华饮食文化的愿景植入其中，最终实现品牌力的全面增长。

关键词：航天品质　数字化创新　下一代科普

1. 背景说明

1.1“品类创新”促进方便粉面食品新增长

在消费模式增加、消费主体升级、国家对国民健康规划等驱动下，方便粉面食品行业正在往规范化、健康化方向发展。根据艾媒咨询数据显示，2022 年中国方便粉面市场规模为 1823.8 亿元，预计 2025 年将达到 2312.3 亿元。[1] 在受众方面，消费者的品质化、健康化、营养化需求日增，各品牌加快孵化方便粉面新品类，高端化、地域化产品提供新的增长方向，而方便粉面食品行业长期以来同质化严重，在新消费的猛烈攻势下，品类创新成为方便粉面食品转型的突破口。随着外卖占据方便粉面食品畅销的主要消费场景，开发适应多元场景的地域化、高端化产品成为各大品牌推陈出新的重要趋势。在此背景下，康师傅携手航天 IP、布局下一代以及数字化转型都显得更为重要。

1.2 政策推动劳动课重要性提升

2022 年，教育部印发《义务教育课程方案和课程标准（2022 年版）》[2] 并发布《义

[1] 艾媒咨询：《2023—2024 年中国方便粉面食品行业发展研究报告》，2023 年 9 月 7 日。
[2] 教育部：《义务教育课程方案和课程标准（2022 年版）》，2022 年 4 月 21 日。

务教育劳动课程标准（2022年版）》[1]，将劳动课提高到中小学一门独立课程的高度。学生需要学习掌握包括烹饪与营养、清洁与卫生、整理与收纳等生活技能。

值此之际，康师傅进一步结合品类创新，持续发力下一代消费市场，将新兴科技理念与消费品牌做进一步融合发展。

2. 创新描述

自成为中国航天事业合作伙伴以来，康师傅对接航天标准、对标航天品质，坚守食品安全的底线，持续加大食安领域的投入。康师傅围绕食安管理体系与数字化建设、人才培养、食安宣传推广、外部合作等方面，不断提升食安品质。同时，康师傅继续践行多元产品策略，顺应全新消费趋势，推出多款新品，满足消费者品质生活的需求，推动行业整体进步。此外，康师傅还将航天科普和食安科普相融合，走近万千中小学生，在传承弘扬航天精神的同时，有效提升孩子们的食安素养，探索食安建设新方式。

在品牌创新上，康师傅另辟蹊径，打破快消品的常规营销方式，通过航天IP赋能、数字化工具等形式，积极与消费者对话，并且将传承中华饮食文化的愿景植入其中，让“欢乐饮食、美好生活”的消费理念进驻更多消费者内心。

2.1 联合航天IP打破原有品牌形象

航天事业是一场庞大的、全民的事业。康师傅自2017年8月成为中国航天事业合作伙伴后，积极助力航天事业，在全国范围内开展了航天科普系列活动，比如在深圳、杭州、西安、榆林等11座城市举办科普展，同时还面向小朋友推出了全国青少年航天梦想体验营，该系列活动已经走到超50万名学生的身边，举办航天专家讲座近百次；6年间，康师傅还不止于线下，在线上航天科普中，用“数字化”工具构建出完整的科普体系，拓宽青少年参与航天科普教育的空间和时间，在无数小朋友们心中播下一颗颗航天梦的种子。

2022年，为了弘扬航天精神，激发家国情怀，科普航天知识，提升社会公众的科学、艺术和工匠素质，康师傅联合《中国青年报》和中国航天基金会，共同发起面向全国青少年的大型绘画摄影征集活动。该活动通过线上征集、线下校园活动扩散，公众参与作品征集等，引发了大范围的多矩阵传播，形成了跨越年轻消费群体、影响社

[1] 教育部：《义务教育劳动课程标准（2022年版）》，2022年4月21日。

会公众的现象级传播活动。整体活动打破原有消费者对品牌的固有印象，扩大年轻消费群体对品牌的好感度，通过联合航天 IP 使消费者产生正向的品牌联想，有效提升了品牌的美誉度。

2023 年，康师傅持续助力航天事业，携手央视频举办了“去现场，看火箭发射”招募活动，得到了广大网友的持续关注和热情参与，让更多普通消费者通过去现场和看直播两种形式见证我国航天的里程碑事件。

图 1　现场看火箭发射活动

2.2 引入航天食品前沿科技，推动航天科技落地

除了助力航天科普、传承航天精神之外，康师傅还积极引入航天食品的前沿科技，推动航天科技落地，为其行业发展提供新的活力。比如康师傅投资 3 亿元打造了超大规模的 FD 冷冻干燥工厂，来保存蔬菜和肉类的营养。其中，新兴科技支撑关于未来的想象力，有助于推动中国食品行业高品质发展。

2.3“航天标准”提升品质要求

康师傅的“航天之路”，一方面体现了作为一个民族品牌的责任和担当，另一方面通过对接航天标准、对标航天品质，尤其是成为“中国航天事业合作伙伴”以后，康师傅也一直在用“航天级”的高度要求自己。

食安是康师傅“品质事业”视野中的重要版块，也是践行“航天标准”的重要体现。康师傅先后投资5亿元建立了国际水平的食品安全检测中心，近2000人的食安管理团队每年会开展检测超350万次，通过对全流程的监督实现全产业链严格监控及可追溯管理。

2.4 食品安全数字化科普守护下一代成长

康师傅将航天科普和食安科普有机融合，为了进一步扩大活动的落地并深入年轻群体，康师傅利用定制化航天科普活动和课程宣传航天精神，走进全国七百多所中小学，与超百万名师生面对面，激发青少年对航天的热情与好奇心，展现出他们的航天梦。

康师傅积极响应国家政策，将食安和劳动课结合，携手食品行业领域资深科学专家，推出了“‘有请益老师’公益课堂”网络公开定制系列食品安全视频课程。

康师傅积极利用数字化工具打造线上网课，实现了如下创新目标：第一，加深内容宽度，深化认知。丰富全面的内容，能够让青少年对食安有更全面的了解，从而加深对品类食安知识的记忆，并提升品牌信赖感。第二，从传播的角度看，视频的传播纵深更广。康师傅通过这种创新的数字化教育方式，打破了地域的限制，能够让更多的学生和家长看到这一课程。

除了丰富的线上课程，康师傅在线下校园也积极推进食安教育。用互动式的体验与学生深度沟通，让科普与实践结合得更有趣、更生动。比如在线下举办食安科普展览活动，设置健康知识区、美味畅想体验区、VR体验区、缤纷互动体验区等，将食安知识融入有趣的游戏、科技感十足的VR视频、互动问答等多种形式。以学生喜欢的内容和方式达成重点知识的输出，用多种参与模式重复强调，形成强化记忆点。

图2 进校园活动

3. 项目运作节奏

无论是助力航天还是坚持下一代科普，是场景扩充还是技术创新，康师傅的背后离不开数字化的助力。并在如下方面开展数字化赋能项目落地：

在供应链管理环节，康师傅通过数字化产销管理体系，将季节销售曲线、促销增量、新品预测、客户需求、动态库存变化等多维度因素纳入综合考虑，从而找到最佳产销平衡点。经过“供应商协同”电子数据实时交互，康师傅将能够精准地与上游合作伙伴分享未来长达十八个月的滚动需求计划，显著提升了供货、品质的稳定性和价格优势，保障了原材料和成品的新鲜度。

在生产端，康师傅在杭州打造数智化未来工厂项目，实现全厂设备状态的实时监控和异常管控，快速反应生产异常与能耗异常情况，实现节能降耗，同时提升品质保障能力。据悉，康师傅后续将会投入更多的资源，与合作伙伴一同进行整链智能化的开发。

在食品安全管理方面，运用数字化的“食品原物料追溯系统”，康师傅早就实现了原物料和产成品之间的溯源、产品销售流向即时追踪。“从农田到餐桌”，过程可控制，责任可追究，两小时内可完成食品安全流程信息追溯，包含原物料规格、配方规格、食安筛查和准入等统一管理的“产品生命周期全流程管控”，确保了产品的稳定性和新品研发成功率。

在零售终端，康师傅将零售商小店使用的冰箱升级为自主研发的 AIoT 智能型节能冰箱，将开关机、能耗变现等数据接入后台统一管理，可以比传统冰箱至少减少 30%～40% 的能耗。凭借 AIOT 智能型节能冰箱项目，康师傅获得了 2022“鼎革奖”年度绿色创新企业奖。

在营销方面，康师傅通过数字化创新实现在线化连接用户的能力，深刻洞察消费者需求，亲身践行让用户感知品牌的温度——也就是品牌拥有在线化的能力，从用户到营销端再到促销费用，康师傅都完成了“在线”的全线打通。

4. 未来展望

康师傅坚持下一代航天和食安科普，是作为民族品牌践行社会责任的重要表现。食品安全规范的维护和提升需要行业领军企业的引领示范，食品安全也需要社会共治。这一点，也一直是康师傅多年来坚持在做的事。一方面，积极地投身于各项加强青少年食安素养提升的公益活动，回馈社会。另一方面，持续地研发食安科技，通过科技赋能、科技共享的方式，巩固全产品食品安全防线的守护。

4.1 康师傅助力航天IP推广

航天事业承载着无数国人的梦想。康师傅作为优秀的民族品牌，在航天强国战略的指引下，始终坚持“一二三”发展战略，即“一个系统，两大行动，三个体系”，助力航天事业的蓬勃发展。未来，康师傅希望与中国航天一起，用“数字化”工具构建出完整的科普体系，拓宽和增加青少年参与航天科普教育的空间和时间，尽全力保证每个有航天梦的孩子都“不掉队”，无论是校内还是校外、线上还是线下，让更多孩子能“筑梦航天”。

在产品侧，康师傅将持续对接航天标准、对标航天品质，用“航天级”的高度要求自己，不断创新迭代，为更好服务消费者持续增强实力。

4.2 康师傅布局下一代食品安全

未来，康师傅将把食品安全社会共治当作企业重要的社会责任，布局下一代，重视企业社会责任，通过“食安”进校搭建品牌壁垒，用“种树思维”收获“长尾”效果。种树思维就是要重视品牌打造这一长期工程，与消费者就文化、情感、价值观等品牌精神进行深度沟通，寻求共识、达成共鸣、实现共振，通过持续的食安科普让更多的孩子和背后的家庭了解食品安全知识，守护下一代健康成长。

4.3 数字化转型推动可持续发展

康师傅视数字化转型为可持续发展的关键点，其中涵盖做好数字化人才建设、加强数据资产管理、打造一体化数据管理平台，以提升业务增长、运营绩效。同时，亦重视食品安全与绿色可持续发展，守牢食品安全底线，继续强化食安管理与质量管控。践行低碳环保发展理念，全力支持消费者对美好生活的追求。

PKU Innovation Review

编委会点评

社会价值：

站在共同富裕的时代潮头，企业应付诸行动，积极承担企业社会责任。以“永续经营，回馈社会”自觉承担企业责任，实现自身发展与环境、消费者和社会的良性回馈，不断依托自身优势资源，将数字化、绿色化融入企业发展之中，为创造更多社会价值贡献力量。同时，也应积极响应国家号召，运用新兴科技的发展赋能产品、服务、营销等主责主业，以创新方式拥抱消费升级。

创新价值：

康师傅将品质发展作为核心价值，并致力于提供健康、安全的食品产品，在生产过程中严格执行质量管理体系，并通过不断的研发创新，推出符合新一代消费者需求导向的新产品，并将市场理解融汇在营销推广工作当中。同时，康师傅不仅在传统方便面产品领域有所迭代发展，还积极面向国家宏观经济发展趋势，逐渐拓展与航天 IP、食安科普等重要概念的结合，为历久弥新的消费品牌赋予新的理解。

第四章

智能科技策源力

随着数字经济加速升级发展，智能科技日益成为各行各业新一代价值驱动引擎。各行业均在积极培育数字化、智能化能力，运用新兴技术增强创新链、生态链，赋能和定义未来行业发展。

我们已经进入人机物三元融合、万物智联的 AI 新时代，最核心的策略是要向科技要生产力。无论是在企业内部，还是在产业链上下游企业之间，智能科技在研发生产、业务经营、供应链管理的内外共生的生产与经营的保障上，其实已经成为农业、工业、能源、医疗、金融等各行业乃至整个国计民生的核心竞争力的选择之一。

通过智能科技服务生态体系的建立，市场经济将迎来更高增长的潜力空间，打破行业天花板，联结商业新大陆；同时，企业也可以更有效地利用有限资源，让有限的市场空间爆发出更有效的能量和潜力。[1]

[1] 创新观点导读：北大创新评论《智能时代的科技自强与变革》。

海康威视：
高教智慧教室助推教学新生态

摘要：海康威视数字技术股份有限公司（以下简称：海康威视）是以视频为核心的智能物联网解决方案提供商。以“智慧教室”为标志的智慧教育学习环境研究，推动了从数字化学习环境向智能化学习环境的根本转变。集深度融合、无缝共享、开放按需、物联教室和评价支持为主要特征的智慧教育理念正在形成。

关键词：智慧教室　人工智能　物联网　虚拟仿真

1. 背景说明

1.1 政策背景：新型课堂教学模式亟须科技助力

2018年印发的《教育信息化2.0行动计划》要求：大力推进智能教育，开展以学习者为中心的智能化教学支持环境建设，推动人工智能在教学、管理等方面的全流程应用，利用智能技术加快推动人才培养模式、教学方法改革，探索泛在、灵活、智能的教育教学新环境建设与应用模式。[1]

2018年9月，教育部印发的《教育部关于加速建设高水平本科教育，全面提高人才培养能力的意见》要求“推动课堂教学革命。以学生发展为中心，通过教学改革促进学习革命，积极推广小班化教学、混合式教学、翻转课堂，大力推进智慧教室建设，构建线上线下相结合的教学模式。”同时要求“重塑教育教学形态。加快形成多元协同、内容丰富、应用广泛、服务及时的高等教育云服务体系，打造适应学生自主学习、自主管理、自主服务需求的智慧课堂、智慧实验室、智慧校园。大力推动互联网、人

[1] 教育部网站：中华人民共和国教育部，关于印发《教育信息化2.0行动计划》的通知，2018年4月13日。

工智能、虚拟现实等现代技术在教学和管理中的应用，探索实施网络化、数字化、智能化、个性化的教育，推动形成‘互联网＋高等教育’新形态”。[1]

2019 年 9 月，教育部发布《关于深化本科教育教学改革全面提高人才培养质量的意见》(以下简称“质量 22 条”)。“质量 22 条”中提出：全面提高课程建设质量，立足经济社会发展需求和人才培养目标，加强课程体系整体设计，提高课程建设规划性、系统性，积极发展“互联网＋教育”、探索智能教育新形态，推动课堂教学革命。严格课堂教学管理，严守教学纪律，确保课程教学质量。全面推进质量文化建设，完善高校内部教学质量评价体系，建立以本科教学质量报告、学院本科教学评价、专业评价、课程评价、教师评价、学生评价为主体的全链条多维度高校教学质量评价与保障体系。[2]

2021 年 7 月,《关于推进教育新型基础设施建设构建高质量教育支撑体系的指导意见》中指出，要深入应用 5G、人工智能、区块链等新一代信息技术，推动教育数字转型。[3]

《教育部 2022 年工作要点》中提到，实施教育数字化战略行动，推进教育新型基础设施建设，强化需求牵引，深化融合、创新赋能、应用驱动，积极发展“互联网＋教育”，加快推进教育数字转型和智能升级，探索大学智慧教室和智慧课堂建设，深化网络学习空间应用，改进课堂教学模式和学生评价方式。[4]

智慧教室建设着重强调教育内容、教学手段和教学方法的现代化，突出课堂教学设计和组织的作用，体现并适应教学个性化的需求，力求提高教师信息技术应用水平、更新教学观念，激发学生学习兴趣和主动性，提高课堂教学效率和效果，促进课堂教学变革与创新。

1.2 行业现状：课堂教学革命引导传统课堂教学向智慧课堂衍变

传统的课堂教学以“教”为中心，往往由老师单向地灌输，学生被动接受，不难看出，传统教学模式的缺陷是非常明显的，其中关键的是作为认知主体的学生在整个教学过程中都始终处于被动接受知识的地位，学生学习的主动性被忽视，甚至被压抑。

---

[1] 教育部网站：中华人民共和国教育部关于加快建设高水平本科教育全面提高人才培养能力的意见，2018 年 9 月 17 日。

[2] 教育部网站：中华人民共和国教育部关于深化本科教育教学改革全面提高人才培养质量的意见，2019 年 9 月 29 日。

[3] 教育部等六部门网站：教育部等六部门关于推进教育新型基础设施建设构建高质量教育支撑体系的指导意见，2021 年 7 月 8 日。

[4] 教育部网站：中华人民共和国教育部 2022 年工作要点，2022 年 2 月 8 日。

尤其在本科教育阶段，课程种类越来越多样，课程内容越来越专业，单一的授课模式并不适合高校每门科目的传授。显然，这与现代社会对人才培养的要求是不相符合的，这种模式担负不了培养高素质创造性人才的重担，因此，改变传统教学模式，打造适应新课改要求的高效课堂模式势在必行。

1.3 行业痛点：智慧教室助力教学改革

目前对智慧教室的研究，因技术发展情况不一，研究内容也有所不同。教室的发展将利用信息化手段扩大优质教育资源覆盖面、提升课堂教学质量和效率、创新课堂教学，促进教与学方式的变革，为每一个班级提供必要的优质资源，使智慧教学成为课堂教学活动的常态。而目前的智慧教室建设过程中，仍然还存在一系列问题。

1.3.1 智慧教室利用率低

随着教育信息化的不断深化，教室内信息化设备积累得越来越多，存在重技术、轻教学、缺智能的问题，所有的设备只形成了简单的技术堆砌，不仅没有为老师带来便利，反而使老师的学习成本越来越高。繁杂的教学工具打断了老师的授课节奏，影响了学生的学习状态。一些新的教学方法无法得以实现。因此，能否便捷、高效地利用信息化设备和工具是教学模式是否转变的基础。

1.3.2 教学管理人工化效率低

高校的特点是学生多、科目多，在传统的教学管理方式下，教学管理人员任务重、责任大，人工作业受到时间、空间的限制。无论是传统教室还是多媒体教室，老师和学生的考勤工作通常利用点名签到或打卡来完成，造成代签到、代打卡的现象无法杜绝。智慧教室的建设需要实现更为智能化的考勤手段，解决师生考勤问题。此外，对教师的教学督导工作也仍然停留在原始阶段。传统的督导评课需要督导老师到达教室听课，这会在一定程度上影响上课效果；而且督导老师往往精力有限，难以兼顾每一个教室。传统的纸质版评课记录很难帮助老师进行教学反思，并且对优秀的教学案例也很难进行推广学习。

1.3.3 缺乏数据分析，创新难以突破

传统的课堂以老师授课为主，对学生在学习过程中的实际参与和进展情况关注度不高，也没有手段和工具对教学数据进行挖掘。这对新时代要求下提升教学质量缺乏指导性和依据性。创新不仅是课堂环境和教学工具的创新，更要对教学过程提供过程

性数据依据，分析相关性行为指标得出其间的相互关系，得到学生的学习行为规律，并根据分析结果进行指导和建议。基于学生的课堂学习情况，教师可以对学生进行有针对性的学习辅导，为其推荐适宜的学习资源；系统也为教师改进课程设计、优化教学方法和改善现有的考核方式提供数据参考，为管理人员更好地实施教学管理提供决策支持。

2. 创新描述：构建软硬件一体化的教学环境，打造智慧教室教学范式

利用物联网、人工智能、屏显等新技术，构建软硬件一体化的教学环境，打造智慧教室教学范式，创新教学方法，培养学生信息化素养与信息化应用水平，帮助师生建立正确的科学概念。

2.1 创新智慧教学空间

重构教学空间，营造轻量化、便捷、覆盖全场景的教学环境。教学空间是创新课堂教学模式的载体和基础，智慧教学空间能够结合教学业务进行场景化布局，并且能够解决教室内硬件堆积、软件功能复杂的问题，使空间对教学具有正向促进作用。智慧教室是教育信息化背景下学生对学习环境发展的诉求，是实现教与学变革的支撑条件，也成为各学校促进教学发展的新理念、新模式、新趋势。

2.2 助力线上线下混合式教学，赋能“互联网＋教育”

智慧教室利用高清教学一体机、智能中控主机、录播主机、录播相机、物联管控等设备，解决当前教学过程中互动手段少、互动模式僵化的问题。不仅提供了易交互的无线投屏、多屏互动功能，还可以通过平板电脑、手机实现师生间的课题联动、分组讨论、交互解答、专题发言、学习评价等先进的教与学方法互动。

2.3 教管融合，打造智能教学管理空间

课堂产生的资源是最宝贵的教学资源，如课中师生、生生之间即时产生的资源，课后共享出来的成果等。通过新型智慧教室的建设，打破时空限制，实现跨校区、跨课程的资源互通，在打造优质校本资源建设的同时引入校外优秀资源，建立教学资源知识库。

2.4 整合终端设施，构建教室物联网络

根据实际需求整合并新建物联设备，持续增强智慧教室智能感知能力，打通、融合各类物联网络，构建一个基于物联网的跨校区智能感知物联教室。通过汇聚校园已有的物联网感知设备，以提升高效业务协同为目标，稳步推进感知校园建设。为教室灯光、空调、录播系统、多媒体控制、窗帘、门禁、班牌等设施提供统一管理能力。构建跨平台、跨建设周期的物联融合平台，为后续物联感知建设提供接入和融合能力。

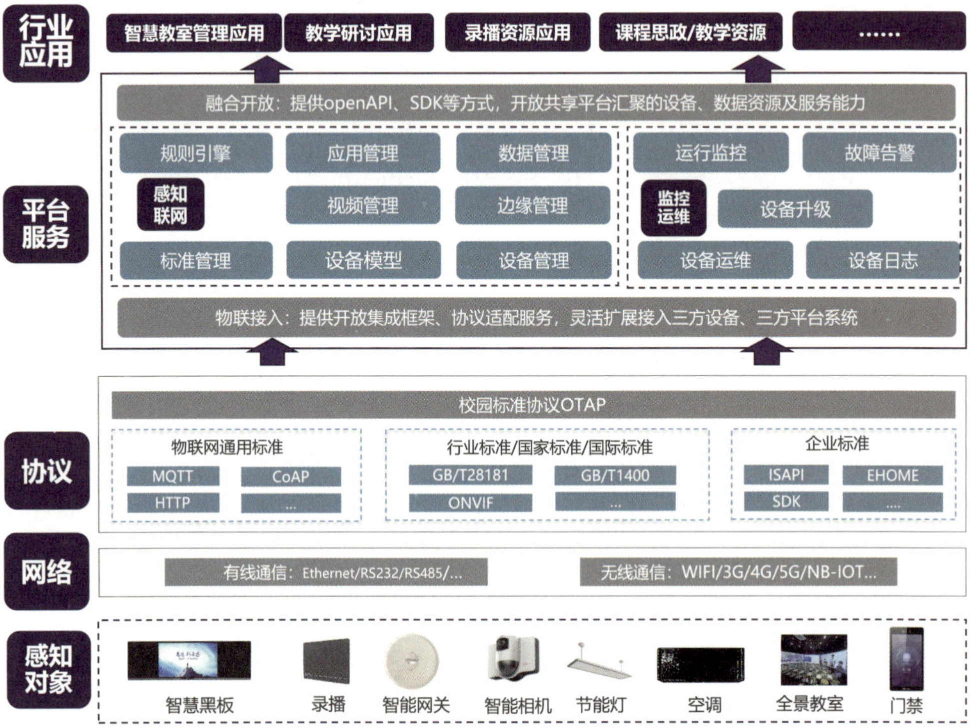

图 1　智慧教室总体架构

2.5 多维度数据融合，助力教学质量提升

建立教学过程记录仓库存储教学过程数据，利用教学数据挖掘和学习分析技术研究学生在学习过程中的实际参与表现和进展情况，分析相关性行为指标得出其间的相互关系，得到学生的学习行为规律，并根据分析结果进行指导和建议。系统也为教师改进课程设计、优化教学方法和改善现有的考核方式提供数据参考；为管理人员更好地实施教学管理提供决策支持。

3．项目运作节奏

海康智慧教室建设理念围绕“教管融合”展开，致力于以视频能力为核心，结合AI智能技术，构建新型教学空间。围绕不同学校的智慧教室建设需求，海康提供不同的适配能力，做到一校一架构的智慧教室建设。基于某学校的智慧教室方案落地实施过程主要包含三个阶段。

3.1 智慧教室架构设计

在某学校智慧教室建设项目上，教室设备类型多样化，设备管理、教学辅助及资源管理等应用存在多个平台，管理难度大，用户学习成本高，导致很多系统无法得到有效利用，海康智慧教室设计以物联底座承载创新教学模式，通过统一平台进行管理、教学、资源等应用统一平台应用管理，基于物联基础赋能教学资源平台，实现“教管融合”，帮助学校重塑教学新生态。

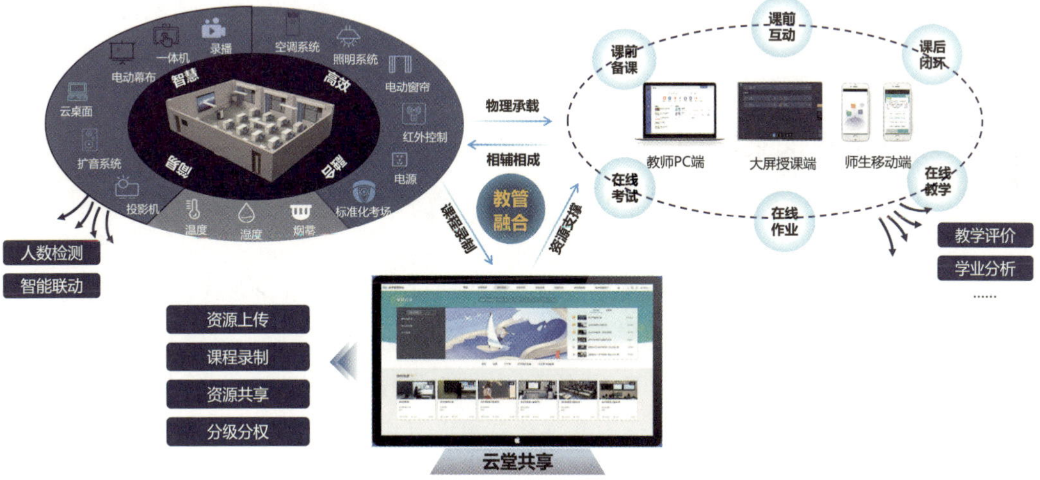

图2　智慧教室业务设计

3.2 智慧教室环境设计

某学校智慧教室建设过程中，共设计了研讨型智慧教室、讲授型智慧教室、大型阶梯教室三种类型教室。

研讨型智慧教室可适用于专业课程、小班教学、PBL教学、小组互享等教学场景，满足师生进行分组教学、主题研讨等教学活动，支持混合式教学、翻转课堂、研讨教学、PBL 教学等多种新型课堂组织形式，促进学生深度学习和合作学习。师生通过自带设备轻松参与课堂互动，进行全程参与式、体验式的课堂活动。研讨型智慧教室建设内容主要包括：研讨教学系统、多屏协作系统、物联中控系统、教学显示系统、集中录播系统。

讲授型智慧教室可适用于专业课程、小班教学等场景，满足学校多媒体教学的使用场景。同时，基于教学录播系统、物联中控系统，一方面，可以支持高质量的课程视频录制，满足一流本科课程建设的需要，主要支撑学校精品课程资源建设；另一方面，学校还可便捷地进行教学环境的统一控制和管理。

大型阶梯教室，满足学校多媒体教学的使用场景。

3.3 智慧教室效果展示

某校智慧教室共建设研讨型教室、讲授型教室、大型阶梯教室，建设系统包括了物联中控系统、研讨教学系统、多屏协作系统、教学显示系统、教学录播系统、智能音频系统六大教学系统，各系统紧密结合，打造新型智慧教学空间，适配高教教学全场景应用，助力学校“教、学、管、评”全流程建设。

4．市场应用及未来展望

4.1 市场应用

随着核心能力和业务领域的发展变化，海康威视的业务组织形式也相应地进行了迭代升级。在智能物联的新时代下，海康威视国内业务分层建设，以公共服务事业群、企事业事业群和中小企业事业群等不同行业需求为依托开拓市场；国际业务因国施策，业务和技术体系以国际市场特色为引领迭代跃升，并陆续成立萤石网络、海康机器人、海康微影、海康汽车电子、海康存储、海康消防、海康睿影、海康慧影等创新业务。其中，创新业务发展迅速，以 2022 年为例，公司营收构成中，境内主业占比 55.39%，境外主业占比 26.49%，创新业务占比 18.12%。除教育外，以下为数字城市主力市场方向示例：

2021，某市首条无人驾驶地铁线通车，“智慧内核”成为其科技创新亮点。海康威视以安防集成平台为架构，打造视频监控、安检、周界、门禁、乘客求助等安防数据的大联网平台，实现地铁综合安防业务统一管理；其中，智慧安检联网平台实现某市地铁安检线网全联网、智能化、信息化。

2022 年，海康威视展开某省高速公路信息化维保项目，构建某省普通公路干线运行状态监测的感知网络，为公路突发事件中应急指挥、快速处置提供支撑，同时为气象、结冰、积雪、桥梁健康、边坡状态、隧道运行等多种场景提供感知能力，助力智慧公路数字化转型。

4.2 未来展望

未来，海康威视将重点拓展校园物联网建设，建立校园感知联网标准体系规范，助力校园物联生态建设。提供多种类型的物联接入能力，实现相关物联数据共享。建设校园物联融合开放平台，要求以校园全局视角实现物联设备融合管理、物联数据融合治理、物联设备统一运维监测，实现校园物联设备资源共建共享，支撑学校各类应用系统生长式发展和智慧服务专业化运营。

PKU Innovation Review

编委会点评

社会价值：

智慧教室是我国教育信息化的基础，是深化教育改革的重要抓手，也是教育数字转型的重要组成部分。通过深入应用新一代信息技术来推动教育数字转型，提升教育的智能化水平，适应数字时代的教育需求，推动教学模式变革，优化教学管理与评估，提高教师信息技术应用水平，并推进教育数字转型，促进教育教学的现代化和适应性发展。基于打造更多符合新时代教育发展的高科技产品及服务，可以更好地辅助学校管理、老师教学和学生学习，为教学相长、人才培养做出长久贡献。

创新价值：

海康威视搭建的智慧教室通过建立教学过程记录仓库和数据挖掘、多维度数据融合等技术，能够深入分析学生学习行为规律，帮助教师改进课程设计和优化教学方案，加强教学监督和评估决策支持手段，优化实施教学管理及教学资源配置。同时，智慧教室鼓励应用现代科技手段，提高信息技术应用水平，培养更具专业素养的教师队伍，对教育教学的现代化和提升产生积极影响。

中科曙光：
节能液冷技术破解数据中心能耗难题

摘要： 曙光信息产业股份有限公司（以下简称：中科曙光）率先开启节能液冷技术研究，并推出世界领先的“浸没相变液冷”技术，后凭借领先技术优势及经验，受邀参与制定首批液冷数据中心标准，拥有深厚的液冷技术研发与产品应用经验。液冷技术不仅能够满足数据中心高密度、低能耗的发展需求，还将驱动数据中心内的各种配置和部件进行优化和创新，带来一场持续性的优化改革。

关键词： 冷板液冷　浸没液冷　绿色低碳

1．背景说明

1.1 政策背景：倡导节能绿色发展

随着数据中心能耗日益增大，政策对数据中心发展提出新要求，推动数据中心向绿色化方向发展。发改委要求新建的大型数据中心、超大数据中心电能利用效率不能超过 1.3。各地方也相应提出不同指标，例如：北京市禁止新建和扩建互联网数据服务、信息处理和储存支持服务中的数据中心（PUE 值在 1.4 以下的云计算数据中心除外），中心城区全面禁止新建和扩建数据中心；[1] 深圳鼓励建设 PUE 值低于 1.25 的数据中心。[2] 目前，“东数西算”工程正式启动，支持采用液冷、微模块、高密度节点、余热利用等绿色节能技术和模式建设数据中心。

[1] 北京市发展和改革委员会：《关于印发进一步加强数据中心项目节能审查若干规定的通知》，2023 年 7 月 3 日。
[2] 深圳市人民政府：《关于印发深圳市碳达峰实施方案的通知》，2023 年 9 月 12 日。

1.2 行业现状

1.2.1 成本高昂

为了维持服务器、网络设备等设施的运行，数据中心需要大量能源。然而，能源成本高昂，且传统的数据中心设计和运营方式往往没有充分考虑能效问题。这导致能源消耗成为一个重要问题。另外，随着技术的不断进步，硬件设备不断更新换代，数据中心需要定期更新硬件以保持竞争力，这会带来高昂的成本，并可能导致现有设施的中断。

1.2.2 技术挑战

散热管理：随着高密度服务器和大规模数据中心的普及，散热管理变得更加困难。过高的温度可能导致设备故障，从而降低数据中心的可靠性和稳定性。

扩展性和弹性：由于数据和业务需求不断增长，数据中心需要具备良好的扩展性和弹性。然而，传统的数据中心扩展往往需要大量投资和时间，限制了其快速适应变化的能力。

数据安全：安全性和隐私保护是数据中心行业的重要关注点，数据中心存储了大量敏感数据，因此需要采取严格的安全措施来保护数据免受物理和网络威胁。

灾备和容灾机制：数据中心应具备完善的灾备和容灾机制，以保障关键业务的连续性。自然灾害、设备故障或其他突发事件都可能影响数据中心的可用性，因此需要进行策划和投资来降低风险。

管理与监控：数据中心的管理和监控也是一个重要问题。大规模数据中心的运营需要高效的管理和监控系统，以确保设施的稳定运行，并及时处理任何故障。对设备、资源利用和能效进行细致的监测和调整是数据中心管理的要求。

1.2.3 可持续发展难题

数据中心行业面临的另一个挑战是可持续发展。随着对环境影响的关注增加，数据中心行业需要减少能源消耗、优化资源利用并推动可再生能源的使用，以降低对环境的负面影响。

目前，数据中心行业正逐步迈入“液冷时代”，液冷技术在解决数据中心散热领域的挑战上得到了越来越广泛的应用。相比传统空气冷却系统，液冷技术可以显著降低能耗，集中散热，提升数据中心能效比；无需额外的散热器和风道系统，在有限的空间内容纳更多的服务器设备，从而节省空间资源。相较于传统的风扇冷却系统，液冷技术减少了机械故障的风险，提高了设备的可靠性；还可以减少风扇噪音和空气中的粉尘积累，提供更好的工作环境，为数据中心运营创造更好的条件。

液冷技术在解决高温密度和能效问题上展现出巨大潜力。

2. 创新描述

就液冷技术分类而言，根据液体冷媒和发热源的接触方式可分为——冷板式（间接接触）、喷淋式（直接接触）、浸没式（直接接触）。中科曙光早在2011年便开始相关技术研究，随后推出国内首款标准化量产的冷板液冷服务器，率先实现冷板液冷服务器大规模商业化应用，之后又相继推出浸没相变液冷技术。

图1　中科曙光自研浸没相变液冷系统，PUE最低可降至1.04

2.1 冷板液冷：解决散热难题

冷板液冷是一种用于解决数据中心散热问题的创新技术。传统的数据中心散热方法通常采用空气冷却，但在数据中心高密度、高功率服务器大规模部署的情况下，空气冷却已经变得相对不够高效。

冷板液冷技术通过将流体导热介质直接引入至服务器的散热板上，将热量从发热器件迅速转移走，从而实现更高效的散热。具体而言，冷板液冷技术包括以下几个关键组成部分。

1. 冷板：冷板是一个与服务器紧密接触的金属板，其内部有一系列供流体流动的通道。当热量传递到冷板上时，通过流体的循环，热量被迅速吸收，并通过冷却液带走。

2. 冷却液：冷却液是一种高热容量的介质，通常是特殊配方的液体，例如水或者无水乙二醇。冷却液在冷板的通道中流动，接触到热源，吸收热量后带走。

3. 循环系统：冷板液冷技术通常采用循环系统来控制冷却液的流动。该系统包括泵、管道、阀门和传感器等组件，以确保冷却液的稳定流动和恰当的温度控制。

冷板液冷技术有如下几个优势。

首先，冷板液冷技术比传统的空气冷却方式具有更高的散热效率。这是因为冷却液具有更大的热容量，能够快速吸收和带走热量，有效降低服务器的温度。相比较之下，空气冷却往往需要更长的时间来降温。

其次，冷板液冷技术能够实现更精确的温度控制。通过调节冷却液的流速和温度，可以在整个数据中心中实现更为均衡和稳定的温度分布。这有助于保持服务器设备在适宜的工作温度范围内，提高设备的性能和可靠性。

再次，冷板液冷技术可以减少噪音和能耗。与传统的空气冷却系统相比，冷板液冷系统中的泵和风扇等设备可以更高效地工作，从而减少了电力消耗和噪音污染。这为数据中心创造了更舒适的工作环境，也有助于节约能源成本。

最后，冷板液冷技术支持高密度配置。由于冷板液冷技术能够更好地控制散热，因此可以支持更高密度的服务器配置。这意味着数据中心可以更大程度地提高硬件资源利用率，节约空间和运营成本。对大规模运营高密度、高功率服务器的数据中心，冷板液冷技术提供了一种高效、可靠且可持续的散热解决方案。

冷板液冷技术在提供高效、可靠且可持续的散热解决方案方面具有明显的优势。它可以帮助数据中心有效应对高密度、高功率服务器的散热挑战，并提高数据中心的运行效率和性能。

2.2 浸没相变：高效解决方案

浸没相变液冷是一种创新的散热解决方案，利用相变材料的特性来提供高效的散热效果。该技术通过将计算设备完全浸没在相变材料中，利用相变过程中的热能转换来实现散热。相变材料具有高汽化潜热和热导率，因此能够在相变过程中快速吸收和释放热量，提供更高效的散热效果。

技术实现高效热量传递：相变材料在相变过程中可以吸收或释放大量热量，因此能够更加高效地将热量从计算设备中吸收并传递到相变材料中。相比传统的空气冷却系统，浸没相变液冷技术能够更有效地降低设备的温度，提供更好的散热效果。

降低散热阻力和噪音：相变材料能够完全包覆计算设备，并与之紧密接触，消除了空气介质的传热阻力。这样可以显著降低散热阻力、提高散热效率，并且减少了风扇产生的噪音。整个系统更加静音和高效。

节省机柜空间：由于浸没相变液冷技术具有很好的散热能力，相变液冷系统可以在相对较小的空间内容纳更多的计算设备。此外，浸没相变液冷系统还具有良好的可扩展性，可以方便地适应不同规模和需求的计算设备。

提高计算设备可靠性和节能性：保持计算设备在较低的温度下运行，降低了硬件的热应力，提高了设备的可靠性和寿命。同时，使用相变材料还可以减少能耗，因为相变过程中不需要大量的能量来推动风扇等设备。

浸没相变液冷解决方案通过利用相变材料的特性来实现高效的散热效果，提供了一种创新的散热解决方案，具有较大的潜力且在高性能计算领域得到广泛应用。

浸没相变液冷基础设施解决方案可使 CPU 等主要芯片运行温度下降 10 摄氏度左右，额外带来 10%～30% 的应用性能提升；同时，浸没相变系统通过减小部件和元器件所负载的温度变化幅度，极大提升了数据中心运行的稳定可靠性，实现全年自然冷却，风扇风机能耗降低接近 100%，总能耗降低约 30%，高密度部署为机房节省 85% 左右的空间。在运维方面，可部署全面运维管理体系，例如以数据中心本地团队和远程专家共同运维团队等方式，保障数据中心 7×24 小时的健康运行。同时，还可配置智能液冷运维设备或系统，用以检查数据中心的功耗、冷却、系统状态，方便管理的同时，也确保了数据中心的可靠性。

3. 项目运作节奏

3.1 第一阶段：规划与设计

在这个阶段，项目团队针对不同行业的数据中心进行规划与设计。首先，将液冷服务器技术与配套的制冷解决方案结合起来，灵活构建绿色节能数据中心。这个阶段着重考虑如何在机房基础设施与服务器两个层面上应用节能技术，使数据中心能够实现全年全地域低耗冷却，不受季节及地域限制，有效降低整体能耗。为了评估效果，他们引入了 PUE 值（能源使用效率），并在全年内维持 PUE 值在 1.04～1.2，相比风冷数据中心 1.3 以上的 PUE 值，实现了大幅下降。

3.2 第二阶段：建设与部署

在这个阶段，项目团队开始实施规划好的液冷数据中心方案。中科曙光冷板式液冷服务器技术能够使数据中心的单位空间整体算力得到极大提升。每个机柜可以安装更多的服务器计算节点，提供更多的计算能力。例如，单机柜可以安装 72 台 2 路曙光服务器计算节点，可提供计算能力达到 9216 核，同时还可以承载约 2300 余套 4 核/16G 内存规格虚拟机，这样的部署大大提高了资源的使用率。这个阶段还考虑到了降低工作噪声的问题。液冷服务器采用了液冷 + 风冷混合散热的模式，有效地将大部分热量通过液冷方式带走，减少了服务器内部风扇的功耗和噪声。相比传统服务器，噪声可降低约 30dB 左右，为数据中心提供了更安静的工作环境。

3.3 第三阶段：运营与维护

数据中心投入正式运营后，项目团队将负责日常的维护。通过对液冷技术的有效运用，数据中心实现了高效的散热解决方案，降低了整体能耗，并提高了资源利用率。这满足了不同行业对降低耗能、增加效能、构建绿色节能数据中心的需求。

4. 市场应用及未来展望

4.1 市场应用

4.1.1 某大型国有银行液冷数据中心建设

某大型国有银行采用中科曙光冷板式液冷服务器技术建设绿色节能数据中心，以应对日益增长的数据中心能耗挑战。

在能耗方面，液冷服务器及配套制冷解决方案将机房基础设施与服务器节能技术结合，构建绿色节能数据中心。通过灵活的设计，实现全年全地域低耗冷却，不依赖极端气候或地理环境，有效降低数据中心整体能耗。全年 PUE 值约为 1.2，较金融行业数据中心平均 PUE 值有大幅下降。

项目成果：

在计算能力方面，液冷技术使单位空间整体算力大幅提升。每个机柜可安装更多的曙光服务器计算节点，提供更多计算能力，如每个机柜可提供计算能力达到 9216 核，承载约 2300 余套虚拟机。这有力地推动了金融科技分布式架构转型工作，提高了资源使用率。

在环境和用户体验方面，液冷＋风冷混合散热的方式显著降低了工作噪声，服务器噪音值不高于 55dB，远低于风冷散热服务器的满载噪音值（约 85～90dB）。这为数据中心提供更为舒适和安静的工作环境，为用户创造更好的体验。

通过采用中科曙光冷板式液冷服务器技术，该大型国有银行成功构建了绿色节能数据中心，应对了金融行业数据中心能耗不断增加的挑战，同时提高了计算能力和用户体验，为金融行业提供了高效可靠的数据中心解决方案。

4.1.2 西部（重庆）某先进数据中心

该数据中心采用了全浸式相变液冷技术（国际上最先进的服务器冷却技术之一），实现了高度集约化，在超高部署密度下提高了单机架功率密度和设备密度，从而节约了建筑面积。此数据中心还采用资源池化技术，支持通用计算、云计算、大数据计算、科学计算、人工智能计算等多场景应用，提升了“东数西算”的跨区域算力调度水平。

以先进冷却技术和国产全栈云为基础，该数据中心构建了全国产、安全可控的数据中心机房及配套工程、基础数据服务平台和应用数据服务平台等服务内容。采用集约化建设、规模化经营、产业化管理等模式，解决了资源浪费和能源损耗问题。

该先进数据中心作为数据中心集群起步区的关键节点，将助力地区大力培育新经济，推动区域数字产业化和产业数字化。它将为各行业提供高价值的数据服务，预计可带动相关领域 2～3 倍投资，实现 5～8 倍新增 GDP，同时带动新一代信息技术产业 3～5 倍投资，实现 10 倍以上新增 GDP。

4.1.3 某医院国家转化医学中心精准医疗项目

某医院国家转化医学中心精准医疗项目旨在解决中国人群健康面临的重大疾病问题，如血液系统恶性肿瘤、代谢性疾病和心脑血管疾病等。中科曙光协助医院建设了先进的数据中心，以支持临床新治疗方法的应用和健康疾病的研究。

该数据中心采用了液冷服务器技术，确保计算节点的高可靠性、高可用性和高可维护性，并满足未来业务增长和新技术发展的要求。整体系统包括液冷双路计算节点、登录节点、胖节点、GPU 节点、多核心节点和分布式存储系统等。为了提高能效，数据中心的 PUE 降至 1.2 以下，比国内新建数据中心平均 PUE 标准节能 25% 以上。

中科曙光为用户提供了交钥匙工程，即：一整套贴合应用需求的集群解决方案，包括节能减排、配置优化和海量存储空间。这个项目在上海地区树立了医疗科研领域的标杆，成为转化医学方面的标志性工程，为健康产业的发展和科研提供了强有力的支持。

4.2 未来展望

目前，冷板液冷技术已经在数据中心行业广泛应用，并提供了高效的散热解决方案。主要的业务方向和市场应用领域包括大规模云服务提供商、超级计算机以及人工智能和深度学习应用。大规模云服务提供商如阿里、腾讯、百度等广泛采用冷板液冷技术以满足高密度服务器的散热需求。在超级计算机领域，冷板液冷技术可以为高性能计算提供高效的散热，保证计算机系统的稳定性和可靠性。而在人工智能和深度学习应用中，冷板液冷技术能够为这些计算密集型应用提供更好的散热性能，满足其对计算资源的高要求。随着技术的不断发展，冷板液冷技术有望在数据中心行业继续发挥重要作用。

此外，冷板液冷技术在数据中心行业的发展过程中也面临着一些挑战。

首先是成本和复杂性方面的问题。相比传统的空气冷却系统，冷板液冷技术具有更高的成本和更复杂的部署过程，包括购买、安装、维护和管理等方面。因此，未来需要降低成本并简化部署过程。

其次是标准化和互操作性方面的挑战。不同厂商使用不同的设计和接口标准，限制了不同设备之间的互操作性和可扩展性。建立统一的标准将有助于推广和普及冷板液冷技术。同时，由于涉及流体循环和多个组件的工作，需要确保系统的可靠性和稳定性，并简化和优化维护流程。

未来，冷板液冷技术的发展方向和布局规划可以包括以下几个方面：

首先是提高能效和可持续性。注重采用更有效的液冷设备和流体，推动可再生能源的使用，并采取能源管理和优化措施来提高技术的能效和可持续性。

其次是智能化和自动化。通过集成智能感知和自动化控制系统，提供更智能化的散热解决方案，实现实时监测和调整，自动优化冷却效果，提高效率和可靠性。

另外，随着边缘计算和物联网的兴起，数据中心趋向于分布式部署，未来发展的方向可能包括支持灵活部署和快速扩展的冷板液冷解决方案，以满足不断增长的数据和计算需求。

PKU Innovation Review

编委会点评

社会价值：

数字经济加速发展，算力成为重要生产力之一。数据中心是社会数字化转型发展的重要基础设施，领先世界的基础设施建设能力使我国基础设施的乘数效应得到充分释放。然而数据中心耗电量在不断刷新纪录，在碳达峰、碳中和目标下，数据中心的节能减排也备受关注。新型散热节能技术的发展能有效降低能耗、提高能效，为数据中心行业的可持续发展做出贡献。数据中心的绿色发展将进一步推动数字价值溢出，赋能各行各业，促进全社会降碳增效。

创新价值：

在创新方面，中科曙光的液冷技术带来了多项重要突破。首先是冷板液冷技术的应用，通过将流体导热介质直接引入服务器的散热板上，实现更高效的散热。相比传统的空气冷却方式，冷板液冷技术具有更高的散热效率、更精确的温度控制，减少了噪音和能耗，并支持更高密度的服务器配置，从而提高了数据中心的运行效率和性能。其次是浸没相变液冷技术的应用，利用相变材料的特性来提供高效的散热效果。相变材料在相变过程中能够快速吸收和释放大量热量，为数据中心提供更好的散热性能。这项技术不仅提高了数据中心的能效，还为数据中心的可靠性和稳定性带来了显著提升。

Testin 云测：智能测试解决方案服务证券行业软件高质量发展

摘要：北京云测信息技术有限公司（以下简称：Testin 云测），是一家以人工智能技术驱动的企业服务平台，为全球超过百万企业及开发者提供云测试、AI 训练数据、安全等服务。2022 年发布专注于证券行业的智能测试解决方案，以协助证券公司尽快提升软件测试工作效率，加速证券公司的数字化转型进程。在数字经济时代，如 APP 等服务软件作为面向广大投资者的桥梁和线上平台，承载了重要的证券公司日常业务。作为软件安全稳定运行的最后一道防线，同时也是证券公司软件高质量发展的重要一环，软件测试工作愈加受到证券行业高层的持续关注。

关键词：证券行业　软件测试　智能测试

1．背景说明

1.1 政策背景：积极推动证券行业数字化转型

作为我国金融行业的重要组成部分，近年来国家政策相继出台以支持证券行业的数字化、信息化改革，同样也对证券行业的信息安全问题予以足够的关注。

2021 年，《证券期货业科技发展“十四五”规划》[1] 正式发布，阐明“十四五”时期证券期货业数字化转型和科技监管工作的指导思想、工作原则及工作重点，为新发展阶段的证券期货业数字化转型发展提供纲领性指南。

2022 年，人民银行印发《金融科技发展规划（2022—2025 年）》，[2] 在回顾

［1］证监会：《证券期货业科技发展“十四五”规划》，2021 年 10 月 21 日。
［2］中国人民银行：《金融科技发展规划（2022—2025 年）》，2022 年 1 月 5 日。

“十三五”时期金融科技发展的基础上，提出“十四五”时期金融科技发展愿景，明确金融科技发展的指导思想。

2023年2月，证监会发布《证券期货业网络和信息安全管理办法》[1]，全面覆盖了包括证券期货关键信息基础设施运营者、核心机构、经营机构和信息技术系统服务机构等各类主体，以安全保障为基本原则，对网络和信息安全管理提出规范要求，主要内容包括：网络和信息安全运行、投资者个人信息保护、网络和信息安全应急处置、关键信息基础设施安全保护、网络和信息安全促进与发展、监督管理和法律责任等。

2023年6月，中国证券业协会印发《证券公司网络和信息安全三年提升计划（2023—2025）》（以下简称《安全提升计划》）[2]，明确指出推动证券公司加强网络与信息系统安全稳定运行保障体系和能力建设，提高资本市场网络和信息安全水平，防范化解网络与信息系统安全风险。

政策的精准支持，让证券行业的数字化转型按下加速键。各家证券公司正在加大金融科技投入，积极吸纳IT相关人才，构建数字化人才梯队，着力提升自主研发能力，加强金融科技与业务场景结合落地，提升客户投资体验，形成自身核心竞争力，推动证券业朝着智能化、数字化方向发展。与此同时，数字时代频繁出现的质量问题，也亟待解决。证券公司的传统软件测试工作期待着一场变革。

1.2 行业痛点：人才匮乏，工具陈旧

随着金融科技浪潮席卷资本市场、证券行业生态竞争加剧、监管政策积极引导支持，数字化转型已成为证券公司未来发展的全新战略高地。但对软件测试工作领域，还存在着四大痛点。

1.2.1 测试执行工作量大，人才匮乏

证券公司业务系统版本升级和打补丁频繁，给测试工作带来了巨大的挑战，目前主要靠手工进行测试，工作量大，投入也大。懂证券业务的专业测试人员较少，人才匮乏。

1.2.2 测试难覆盖全，带问题上线

因证券业务变化快，版本迭代周期快，经常进行紧急发版，测试时间周期短，无

[1] 证监会：《证券期货业网络和信息安全管理办法》，2023年2月27日。

[2] 中国证券业协会：《证券公司网络和信息安全三年提升计划（2023—2025）》，2023年6月9日。

法全面覆盖业务场景进行测试。投产的应用带有很多隐形问题，还有大部分证券公司未建设全面的测试用例库。

1.2.3 测试数据准备较为困难

当前行业内的核心业务系统都基于传统架构，系统数据结构复杂，测试人员很难掌握数据逻辑，准备测试所需数据比较困难。

1.2.4 投诉问题，无法快速验证

投诉的问题，通过客户、客服、运营、技术等层层传递，失真大，难复现，技术人员无法做到有效分析及验证，处理难度大。

1.3 行业现状

营业收入 (百万元)	2016	2017	2018	2019	2020	2021
Capgemini	3634.9	4270.6	5116.3	6354.6	7210.4	8821
Accenture	5054.5	6169.8	7073.2	7960.1	8738.7	9772.3
Wipro	3960.4	4501.3	5374.2	5931.9	6943.8	7911.6
Cognizant	1116.4	1357.3	1568.2	1728.5	1932	2133.7
HPE	506	581.2	645.4	694.2	734.9	818.7
Infosys	1835.1	2109.5	2432	2941.6	3520.4	4081.9
TCS	258.6	269.9	321.1	344.1	359.6	379.8
Hexaware Technologies	97.4	109.3	130.5	157.7	182.4	213.2
Testin 云测	358.3	589.6	852.1	1126.9	1563.4	1931.5
IBM	5188.4	6128.9	6990.3	8063.7	9339.3	10954.4
Tricentis	105	135.1	399	665.1	918.5	1164.6
Worksoft	171.4	195.5	212.9	242	259	299.8
Eggplant	167.3	173.5	187.2	215.6	252.3	290.2
东软 Neusoft	5.5	5.6	6.1	7.3	7.5	8.5
阿里云	-	2.4	4.6	9.6	14.2	18.7
百度 MTC	1.8	3.5	6	8.8	10.8	12.9
腾讯 Wetest	3	6.3	11.6	18.7	26.2	32.2
华为云云测 Cloudtest	-	-	1.7	5.4	7.9	9.6
博为峰	46.2	62.6	63.6	82.8	91.5	109.3
其他企业	14541.3	17518.4	21336	26080.2	29245.3	35007.9
全球	37051.5	44190.3	52732	62638.8	71358.1	83971.8

资料来源：上述企业、第三方资料、新闻报道、ASKCI 整理研究，2021 年

图 1 世界主要企业软件测试规模份额对比 2016—2021

数字化、信息化离不开软件行业的蓬勃发展，而高质量的软件发展离不开大量的软件测试工作。据中商产业研究院《2021—2027 年全球与中国软件测试市场现状及未来发展趋势》[1]中显示全球软件测试市场规模 2021 年达到 839 亿元，预计 2023 年将突破 1000 亿，年复合增长率（CAGR）为 17.9%。

在软件测试领域深耕十余年的 Testin 云测，在运用领先技术及数字化思维协助我国企业推动数字化转型中积累了丰富的经验，其合作伙伴遍及金融、教育、旅游、航空、游戏、能源等十多个行业。在全球及中国软件测试规模份额对比中均名列前茅。

当前证券公司的数字化转型呈现加速的趋势，而软件及操作系统高质量的发展，对证券公司《安全提升计划》的推进及数字化转型应用场景的落地具有非常重要的作用。软件研发及测试工作成为证券公司数字化转型的重要一环。市场需求在不断变化，对软件及操作系统的功能、安全性等提出了更高的要求。为应对旗下软件愈加频繁的迭代频率，证券公司在注重研发的同时，对软件测试工作给予了高度重视。

营业收入 (百万元)	2016	2017	2018	2019	2020	2021
Capgemini	95.4	112.1	134.5	167.2	189.3	231
Accenture	143.5	176.5	203.7	230	252.5	284.4
Wipro	185.5	211.1	251.4	277.4	324.1	369.3
Cognizant	13.7	16.7	19.3	21.3	23.8	26.5
HPE	20.8	23.9	26.6	28.5	30.1	33.4
Infosys	33.8	38.8	45	54.1	64.8	75.1
TCS	2.6	2.7	3.2	3.5	3.7	3.9
Testin 云测	175	286.3	410	537.4	737	899.3
IBM	243	289.9	333.4	387.9	453	534.6
Tricentis	2.2	2.9	8.7	14.6	20.5	26.3
东软 Neusoft	5.5	5.6	6.1	7.3	7.5	8.5
阿里云	0	2.4	4.6	9.6	14.2	18.7
百度 MTC	1.8	3.5	6	8.8	10.8	12.9
腾讯 Wetest	3	6.3	11.6	18.7	26.2	32.2
华为云云测 Cloudtest	0	0	1.7	5.3	7.7	9.3
博为峰	46.2	62.6	63.6	82.8	91.5	109.3
其他企业	651.1	778.2	970.1	1265	1468.2	1868.2
中国	1623.1	2019.5	2499.5	3119.4	3724.9	4542.9

资料来源：上述企业、第三方资料、新闻报道、ASKCI 整理研究，2021 年

图 2　中国主要企业软件测试规模份额对比（2016—2021）

[1] 中商产业研究院：《2021—2027 年全球与中国软件测试市场现状及未来发展趋势》。

2. 创新描述

近年来，Testin 云测引领测试领域的发展，充分融合最新的人工智能技术，全面步入智能测试时代。相比于传统测试与之前的自动化测试，智能测试有着很多先天的优势，比如：

智能化——测试场景和数据越来越多后，脚本兼容性和准确性越来越高；

门槛低——无码化编写脚本，手工测试人员也可构建自动化测试，基于自然语言编写脚本，测试人员参照手工测试用例直接转换自动化测试脚本；

跨平台——一次脚本构建支持在多个平台运行；

统一脚本编写工具——APP 和 Web 脚本编写一致，减少测试学习迁移成本。

为解决证券公司软件测试工作执行工作量大、人才匮乏、测试类型难以全面覆盖、测试数据标准难以统一、投诉问题等实际痛点，Testin 云测于 2022 年年中推出证券行业智能测试解决方案，以先进的技术及测试管理经验带来证券公司测试工作的新突破。

2.1 自动化测试工具平台

Testin 云测在证券行业有着丰富的服务经验，拥有众多证券行业经验丰富的测试专家，结合先进的自研智能测试工具平台，高效赋能证券行业测试业务，为证券行业软件的高质量发展服务。

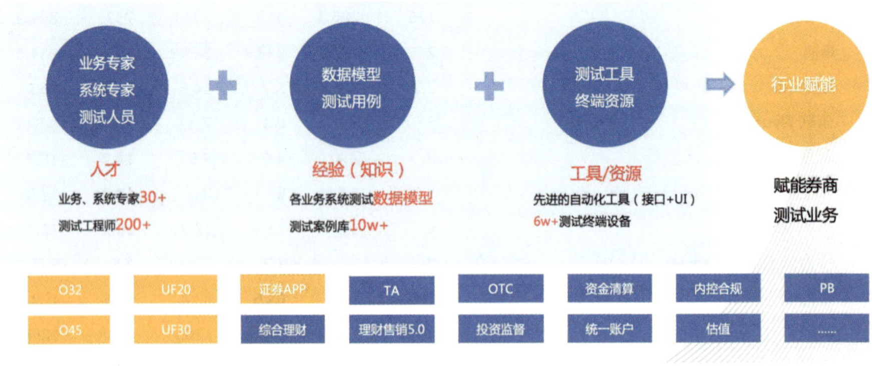

图 3　Testin 云测当前在软件测试领域的实力及业务涉及的范围

2.2 高效的移动端应用测试工具

Testin 云测的移动应用测试工具，最早把 AI 技术商用于自动化测试，使用自然语言编写脚本，完全实现无码化，同时通过在市场上的应用，积累了大量业务场景实现的案例，帮助客户提高自动化覆盖率、降低学习成本、提高效率，是目前在市场上最优秀的移动应用 UI 界面测试工具之一。

Testin 云测自动化测试工具，在技术上应用了机器视觉（AI）技术，在易用性（用例设计和维护时间）、识别精度（业务覆盖率）、执行稳定性（执行成功率）等方面优于传统自动化测试工具，在移动端 UI 自动化测试人效优于传统自动化测试工具。仅应于回归测试，就可帮助提升 1.5 倍以上的人效。

2.2.1 自然语言脚本

会中文就能写脚本，零上手门槛，可读性高，可维护性强。

2.2.2 支持多端跨平台

支持当前主流的 Android/iOS/ 鸿蒙操作系统，一套脚本跨三端执行，支持原生应用、混合应用、Web 应用、微信小程序。

2.2.3 机器视觉智能目标识别

拥有高精度 OCR，神经网络特征匹配算法，丰富的通用图标库。

2.2.4 中文关键字

支持语法联想、点击 / 双击 / 长按、输入 / 按键、上 / 下 / 左 / 右滑动、滑动直到……出现、检查……存在 / 不存在、如果……存在，则……、将……上 / 下 / 左 / 右侧赋值给、手势密码、安全键盘输入等。

2.2.5 设备高可用性

拥有分布式多机并发执行、设备状态实时监控、电池温度预警等功能。

2.3《行业自动化标准案例库》持续迭代

Testin 云测正在进行《行业自动化标准案例库》的建设。覆盖了 O32（UI+ 接口）、O45（UI）、UF30（UI）等核心系统。案例库会持续迭代，未来会覆盖更多核心业务系统。

2.4 证券行业测试服务高度兼容

Testin 云测利用设备资源种类和数量多的优势，并结合多年积累的自动化技术，将待测 APP 功能 / 流程实现脚本化，并将脚本推送到 Testin 全球实验室的海量终端进行

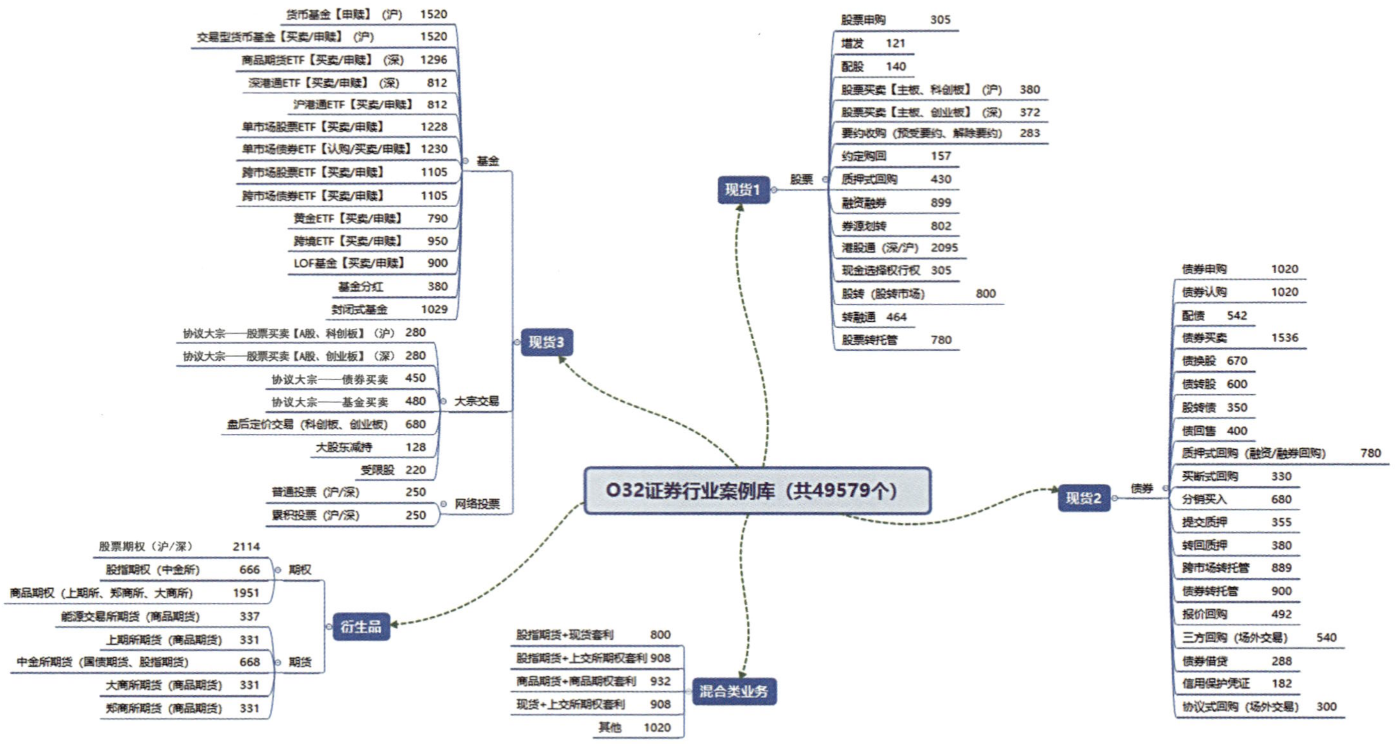

图 4　建设中的 O32 自动化标准案例库

自动执行检测，过程数据自动化记录，通过分析汇总，最终自动形成移动应用兼容测试报告。在帮助企业大幅减少了人力、设备、费用、时间等方面投入的同时，提升了测试效率。

图 5　证券行业兼容测试服务方案

3. 项目成果

以国内某 TOP10 证券公司为例，该证券公司在 IT 建设投入上名列行业前茅，有多个 APP 端产品以及 PC 端系统，其 IT 建设在国内证券公司一直被视为标杆，且建立了较为完善的测试体系。但在实际测试工作的进行中，存在测试工作以手工为主、测试人效偏低的情况。同时由于产品用户数量大，在产品迭代上线后，会经常收到关于产品闪退、界面展示不全等兼容性问题。

为了全面提升测试工作效率并尽早发现产品兼容问题，该证券公司引入 Testin 云测证券行业智能解决方案，结合自身的实际情况，针对自身问题点从自动化测试平台建设、测试人员加入、兼容测试方案等多个方面进行升级。

在自动化测试平台建设方面，证券行业智能解决方案拥有领先的自动化测试平台，提供接口测试、Web 自动化测试以及 APP 自动化测试等完整的自动化测试能力；同时具备业界独有的 AI+ 能力及脚本跨平台能力，可以全面提升证券公司的自动化测试能力。测试人员服务方面，通过引入 Testin 云测提供的对证券公司业务理解深、经验足的测试人员，结合其自动化测试平台，帮助证券公司建立人 + 工具的自动化测试能力。在兼容测试问题解决方面，完整采用了具有移动端 +Web 端的证券行业智能解决方案，在系统上线前就充分发现各类兼容问题，避免系统上线后被客户投诉，进而提升客户满意度和客户留存。

从应用证券行业智能解决方案的实际效果来看，Testin 云测彻底解决了自动化工具和懂证券公司业务的专业测试人员的问题，实现了功能回归自动化测试的有序进行。Testin 云测覆盖测试用例近 7000 个，总脚本数超过 2000 个，脚本支持跨双平台 (Android+iOS) 执行，自动化目标覆盖率 60% 以上。通过证券行业智能解决方案彻底解决了兼容性的问题，实现了 600 款安卓机型、70 款苹果全系列机型以及 Web 端多维度组合的兼容测试问题，测试任务下发 24 小时之内即可收到反馈测试报告，整体流程上使得证券公司发版提前了 5 天以上的时间。

4. 市场应用及未来展望

Testin 云测当前与我国超过 50% 的证券公司有着密切的合作，其证券行业智能测试解决方案也在改变着证券公司的测试工作，为证券公司实实在在降本增效。

随着 ChatGPT 掀起的人工智能竞争愈演愈烈，崭新的科技更加快速地融入我们的企业运营和生活中。Testin 云测凭借自身在软件测试领域的行业优势，依托领先的 AI 技术，将预期打造更加完善的“专家 + 工具 + 服务”的一体化测试服务，助力更多证券公司从证券行业智能测试解决方案中受益，在降本增效的同时，实现证券公司软件开发的高质量发展，守护证券公司软件质量的最后一道防线。[1]

同时，Testin 云测将继续拓展行业客户，着重发展泛金融和智能汽车等领域，为我国企业的数字化改革做出更多贡献。

[1] 本案例中行业数据及项目数据解释权归 Testin 云测所有。

编委会点评

社会价值：

随着金融科技的快速发展，证券行业对金融科技的依赖程度也显著提高。近年来，证券公司因交易系统或软件产品故障而造成损失的情况屡见不鲜，进而有可能对投资者的财产安全构成风险。目前证券公司的业务日益增多，业务模式日趋复杂化，加之证券市场严格的监管，过去依靠人工、工具的软件开发及测试模式已经不能满足证券公司日益升级的金融科技需求，更加智能、高效、可靠的技术平台将成为刚需，为证券公司更好地提升服务能力奠定基石，助推投资市场实现更高价值。

创新价值：

Testin云测在证券行业数字化发展的大背景下，以满足资本市场高速发展对软件和系统的质量、合规、服务为目标，针对证券行业软件测试方面存在的业务复杂、测试量大、系统架构陈旧、人才缺乏等问题，并与证券公司运营逻辑与业务场景相结合，提出了证券行业智能测试解决方案。Testin云测的证券行业智能测试解决方案可用性、可维护性及稳定性较高，可以帮助证券公司客户实现全面、高效、准确的软件测试，从而确保产品质量和客户满意度。

万兴科技：
亿图办公绘图实现企业数据可视化

摘要：万兴科技集团股份有限公司（以下简称：万兴科技）旗下的亿图软件充分融合国产信创技术，研发出跨平台、高兼容的亿图办公绘图解决方案。该解决方案支持各类常见绘图功能，能够兼容 Visio 格式文件，实现无缝迁移。软件可适配多种操作系统环境，实现数据可视化呈现，提升政企用户的办公效率。

关键词：信息技术创新　办公绘图　国产替代　亿图软件

1．背景说明

1.1 政策背景：信息安全向高质量建设发展

2021 年 12 月 24 日，国家发改委公布的《“十四五”推进国家政务信息化规划》（以下简称《规划》）[1]提出：到 2025 年，国家电子政务网“安全保障达到新水平。全面落实信息安全和信息系统等级分级保护制度，基本实现政务信息化安全可靠应用，确保政务信息化建设和应用全流程安全可靠。”《规划》标志着党政信创的重点从电子公文领域延伸到电子政务领域。因此，党政信创在未来仍然具有广阔的发展空间。规划还强调“统筹推进重大政务信息化工程建设”“打破信息孤岛”“不断巩固政务信息系统整合共享成果”。

2022 年 1 月 12 日，国务院印发的《“十四五”数字经济发展规划》[2]中，十四五数字经济发展主要指标明确指出：“到 2025 年在线政务要翻一倍，行政办公及电子政务要全部完成国产化替代”，为信创产业，尤其是党政信创的高速发展持续注入政策指引和支持。

[1] 国家发改委：《“十四五”推进国家政务信息化规划》，2021 年 12 月 24 日。
[2] 新华社：《“十四五”数字经济发展规划》，2022 年 1 月 12 日。

2022 年下半年，国资委发布相关文件，全面指导国资信创产业发展和进度。央企国企需在规划期内 100% 完成信创替代，替换范围涵盖芯片、基础软件、操作系统、中间件等领域。

1.2 行业痛点：办公绘图软件国产替代难度高

“新基建”被看作是中国经济发展的新动能，数字化已成为不少企业面临的新机遇和新挑战。随着政企数字化办公深入推进，将办公应用升级为高可用、自主化方案成为当下紧迫的需求。如今，以电子化、信息化手段促进政府、企事业内部信息交流与共享已经成为大势所趋。通过办公绘图软件实现数据可视化，提高信息呈现、表达的效率，对于提高组织效率、管理水平和决策准确性，优化办公流程，加强监管能力，促进政府、企事业单位改革等都具有重要意义。

在此过程中，无论是党政，还是金融、电信、能源等央国企都面临以下痛点：

1. 办公绘图软件以 Visio 为代表，但其不支持跨平台使用，生态相对封闭，仅支持 Windows 系统，对国产计算生态不够友好。

2. 在用户使用过程中，Visio 支持的绘图类型、内置的绘图元素数量少，更新频率低，无法满足用户多场景绘图需求。Visio 产品价格昂贵，产品综合性价比一般。

3. 政企在办公过程中积累了大量的 Visio 格式文件。这是一种专属格式，普通软件无法打开，更无法编辑。如果迁移到新系统，业务势必受到影响，数据迁移过渡成本较高。

4. 企业办公绘图场景丰富，涉及职能和岗位较多，如组织架构图、流程图、思维导图、架构图、甘特图等，这对产品的综合性能、应用能力提出较高的要求。

1.3 行业现状：传统生态封闭，国产软件任重道远

目前办公绘图软件厂商的相关产品多为细分赛道上的单一产品，和海外主流竞品有较大竞争差距。Visio 生成的文件仅限于在 Visio 本身和 Office 软件内查阅和编辑，且软件只有 Windows 版本，无法在其他操作系统上使用和共创，生态相对封闭。另外，随着实时协同技术在海外广泛普及，基于 Web 技术的 SaaS 软件成为新的趋势，比如 Lucidchart 产品以及实现 SaaS 化的云上协同绘图产品。发展至今，Visio 已经占据全球整个办公绘图软件市场 70% 以上的份额。无论是在海外企业还是中国的政府机关，都曾广泛使用 Visio 进行办公绘图。其 2003 年前的版本采用的 VSD 文件格式在国内广泛流行。该格式的存储是采用自定义的私有格式来进行的，而没有一个通用规范的图

形格式数据，所以用一种软件开发出来的图形文件难以转换成另外一种软件可以识别的格式，不同的图形绘制软件之间存在着难以共享和交换数据的类似问题，且 Visio 无法适配跨平台的办公环境。目前 Visio 正在研发在线端产品来应对跨平台办公绘图的需求。

此外，欧美非正版软件获取成本低，市场充斥大量盗版软件。国内许多中小企业使用这类非正版软件，这也导致我国本土软件产业缺乏发展壮大的土壤。近几年，随着国家政策对正版化的持续推动，以及国内操作系统和芯片的发展，我国办公绘图行业潜在的成长空间得到释放。

2. 创新描述

亿图办公绘图解决方案为政企用户提供一站式创意表达与可视化呈现解决方案，支持绘制各类常用的办公图形，并且能够兼容微软 Visio 格式，实现 Visio 文件无缝迁移到国产办公绘图软件中；软件能够实现跨平台使用，通过云账户实现各端文件同步存储；软件对国产化操作系统，譬如国产 ARM 架构、龙芯架构或兆芯架构的银河麒麟系统或 UOS 系统都能够正常适配。

预期本软件可以广泛运用到国内政府机关单位、高校、民营企业、非营利组织等，通过灵活的部署方案，支持内外网环境都能正常运行。亿图办公绘图解决方案不论是图像呈现技术、跨端协同技术还是易用性，在国内同类软件市场都具备明显的技术优势，国产跨平台通用办公绘图软件系统创新方向主要体现在以下四个方面。

2.1 充分兼容 Visio 与信创基座

该办公绘图软件具备多方面的兼容性，一方面兼容主流办公绘图软件格式，包括兼容国内外广泛使用的绘图文件格式 Visio 的导入导出，还需要和常用文档类办公软件兼容，包括可以将绘图文档导出为 WPS、Office、PDF 等通用文档格式，可以将绘图结果存储为各种常用图片格式。另一方面，解决不同操作系统环境下软件的广泛兼容性，实现办公绘图文档在 Windows、Mac、Linux 以及国产系统等环境下的编辑和查阅。

2.2 开放式的可拓展性

办公软件需求灵活多样，使用场景往往根据业务场景和行业标准不断发展，因此该项目研发的软件自身具备开放式的可扩展性，可以对基本设计符号进行二次开发，集成通用设计工具可用于自定义图元。

2.3 可信赖的高可靠性

该项目软件拥有可信赖的高可靠性，主要体现在具有自主的软件知识产权，软件运行可靠性和维护保障性，有容灾能力和异常处理能力。

2.4 普适性及易用性

遵循软件在易用性方面的公共约束，关注办公用户角色，从需求特性的场景按业务、功能特性的维度分别开展，做好UI架构设计，深入分析各种办公绘图细分领域的业务逻辑，简化用户操作难度，提高绘图智能化程度，确保用户体验。

3．项目运作节奏

根据信息技术创新“2+8+N”推进节奏，“2”即指党政，要实现机关（党、政）范围内的国产替代，同时对产品进行打磨、培育骨干企业。然后重点突破金融、电信、电力、石油、交通、航空航天、教育、医疗“8”大关键行业内应用场景。在产品相对好用、生态比较成熟后，将由党政系统扩大到8大关键行业。“N”是指其他行业，最终将产品扩展到全行业。

3.1 第一阶段：党政试点与信创环境适配

从2017年开始，亿图软件相继与飞腾、龙芯、兆芯、申威、海光、麒麟等处理器开展兼容性适配工作，同步与银河麒麟、中标麒麟、统信等操作系统进行适配，为党政用户跨端信创环境迁移提供基础办公支撑。

第一阶段的党政试点主要从2019年至2021年，涉及2000万～3000万党政用户、1.2亿企业用户和6亿个人用户。短期正版空间为220亿元，中长期正版空间为1230亿元。目前亿图软件已成功服务了中国科学院、国家药典委员会、湖南省疾病预防控制中心等党政客户，产品运行稳定，兼容性强，简单易用，赢得客户单位的一致好评。

3.2 第二阶段：央国企全面铺开，完成应用场景覆盖

“十四五”数字化趋势叠加支持政务信息化安全可控的政策密集出台，为其他行业信创的加速推进明确了发展路径。随着党政试点的结束，金融、电信、能源等行业开

始进行第二阶段的信创建设工作。

第二阶段计划从 2022 年到 2027 年，信创工作实施主体主要是金融、电信、电力、石油、交通、航空航天、教育、医疗 8 大关键行业，替代范围将向多样型工业操作系统产品和服务供应商发展，进一步扩充应用场景，从服务器、工作站到各类设备、物联网终端等，并着重实现各类操作系统的互联互通、安全增强、性能保障。现阶段，央国企的信创进程已经从应用系统层面开始向基础软件和基础硬件下沉。

通过办公绘图软件实现数据可视化，提高信息呈现、表达的效率，对于提高组织效率、管理水平和决策准确性，优化办公流程，加强监管能力，促进企事业单位改革等都具有重要意义。在这一阶段中，亿图软件将通过开展生态适配和应用实践，融入国产办公信息化基础设施建设工作，投身央国企办公绘图场景完善，基本满足国产办公环境和应用需求，形成自主可控、安全稳定的综合型办公绘图整体解决方案。

3.3 第三阶段：国产生态融合并实现多场景智能化替代

2028～2035 年，中国将从数字化大国迈向数字化强国，基础软件发展有望进入世界前列。亿图信创办公绘图解决方案也将迈入第三个发展阶段——完成国产生态融合、实现多设备终端、多场景、智能化升级，满足用户在不同设备上、不同网络环境下、不同办公场景中的绘图需求，实现对国产处理器、操作系统、中间件、数据库的全面兼容适配，各终端获得一致性办公体验。

4. 市场应用及未来展望

4.1 市场应用

亿图软件信息可视化领域具有丰富的技术沉淀，开发的办公应用支持流程图、思维导图、架构图、工程图等超过 200 种绘图类型，推出亿图图示、亿图脑图、亿图项目管理等多款实用软件，在党政、科研、制造业、电力、能源等领域拥有广阔的应用空间。

亿图软件已成功服务了中国科学院、国防科技大学、北京航空航天大学、南方电网、中广核、华为等党政事业单位、高等院校及国有民营企业单位，帮助政企客户减少对海外绘图软件的依赖，提升企业运营和发展的自主性、安全性。

4.1.1 中广核研究院有限公司国产办公绘图软件项目

2019 年 8 月，受国际形势变化等因素影响，中广核与集团旗下多家子公司对标准流程图制图软件的应用策略发生变化，产生国产化替代需求。

2021 年，中广核研究院与亿图软件签约，并由后者实施完成办公绘图软件国产化项目，满足办公人员绘制流程图、架构图、电路图、工艺流程图等需求。经过试点、集成与部署，项目顺利完成，公司内原有 Visio 生成的文件全部迁移为亿图软件格式，获得用户良好反馈。

4.1.2 中机国际招标有限公司中央企业软件联合采购项目（专业软件第三批集中采购）

2023 年 4 月，中央企业软件联合采购项目（专业软件第三批集中采购）发布成交结果公告，万兴科技旗下亿图的三款办公绘图软件——亿图图示、亿图脑图、亿图项目管理三款软件在所投的三个标段（包）均成功中标，顺利入围央企软件采购范围项目。

本次中央企业软件联合采购项目是由国务院国资委牵头指导、中机国际招标有限公司组织实施的中央企业信息化联合采购工作。项目采用竞争性谈判方式，邀请合格的供应商参加此次谈判。在产品响应参数外，重点考察供应商的技术实力、质量管理、供货服务、信创环境兼容性等方面的综合能力。

4.2 未来展望

亿图软件将持续开展办公绘图应用软件技术攻关、场景完善、应用实践与推广工作，以提升国产办公绘图应用。同时，开展行业上下游生态合作及兼容性适配工作，弥补应用盲点，推动国产软件从可用、好用向更大范围替代发展，实现办公绘图领域的科技自主。

4.2.1 组织行业交流和市场调研活动

牵头组织行业内部交流，通过企业走访、行业沙龙、主题论坛形式，调研工业制图行业内的应用发展情况和行业应用场景、典型案例。从软硬件协同发展的角度出发，推动基于信创环境的场景联动技术突破，协同开展跨端、跨技术门类的交流与合作，为工业制图技术向纵深领域拓展提供基础设施赋能。

4.2.2 共建产业生态

通过信创工委会平台积极提升绘图应用产品的兼容性、通用性、易用性，收集行业新需求和产品新特性，广泛调研用户和集成商，探索建设工业绘图软件相关标准，同时与行业各界组织分工编写《工业制图技术产业发展白皮书》《轻量办公绘图技术产业发展白皮书》，每年不断修订完善。

4.2.3 推进标准制定

当前国产办公绘图相关技术缺少统一规范，亿图软件作为信创工委会工业制图小组副组长单位，将牵头编写工业制图技术白皮书和系统集成规范，带领解决信创产业在推进过程中的各种规范、兼容和性能方面的问题。从国内用户场景和工业制图应用发展实际出发，建立和健全自主模式下的行业应用和集成规范，开展基于信创标准下的应用创新，为国产工业制图标准规范建立提供一手信息。

编委会点评

社会价值：

信息技术应用创新是数据安全、网络安全的基础，也是新基建的重要组成部分。信息技术应用创新发展是一项国家战略，为当今形势下国家经济发展的新动能。发展“信创”将实现我们可掌控、可研究、可发展、可生产的信息技术产业，充分、全面、可靠地转化为数字经济价值，从技术体系迭代、强化产业基础、加强保障能力等方面不断深入，促进创新能力在本地落地生根，带动传统信息技术产业转型，并协同各行业向数智化方向发展迈进。

创新价值：

万兴科技旗下的各类信创办公解决方案，是助力国产化办公应用发展、增强各级政府部门和企业办公效率的有力工具。万兴科技不仅在软硬件开发上积极做出努力，还积极推动相关行业标准的制定，以期建立更加有序的市场环境来推动行业发展，其目前在信创领域所从事的内容迎合了当下信息技术创新加速发展的浪潮，未来仍然有广阔的探索空间，这对国产化替代具有相当积极的意义。

硅基智能：大模型时代的硅基劳动力

摘要：南京硅基智能科技有限公司（以下简称：硅基智能）是南京人工智能独角兽、国家级专精特新“小巨人”企业，全球首创了 AIGC 数字人模式和数字人直播，始终以人工智能科技、创新为核心驱动力，专注于 AI 技术深度研发和落地应用，通过自主研发的人工智能核心技术，向社会源源不断地输出硅基劳动力，致力于赋能企业数字化转型，以“算力、财力、电力”为公司三大核心落脚点，推崇硅基文明，为全行业提供企业级 AIGC 数字人解决方案。

关键词：大模型时代　AIGC 数字人　硅基劳动力

1. 背景说明

1.1 政策背景：数字人行业正快速发展

在政策和市场资本的双重驱动之下，近几年我国虚拟数字人产业正从成长走向成熟，同时开始向上下游环节不断延伸，逐渐形成新型产业链。随着底层技术的成熟和应用场景的持续拓展，虚拟数字人行业的技术正加速落地并与传统产业进行不断融合，结合各种形式为受众带来全新的体验。

2021 年 3 月，国家将虚拟数字技术的发展纳入“十四五”规划，实现虚拟数字技术创新已成为我国实现产业创新和技术强国的必经之路。此后，我国出台的一些政策和规划都利好于数字人产业的发展。

2022 年 10 月，工业和信息化部、教育部、文化和旅游部、国家广播电视总局、国家体育总局等五部门联合发布《虚拟现实与行业应用融合发展行动计划（2022—2026 年）》[1]，旨在促进“虚拟现实在经济社会重要行业领域实现规模化应用”，目标“到

[1] 工信部等：《虚拟现实与行业应用融合发展行动计划（2022—2026 年）》，2022 年 10 月 28 日。

2026年，三维化、虚实融合沉浸影音关键技术重点突破，新一代适人化虚拟现实终端产品不断丰富，产业生态进一步完善。”

2022年11月，国家互联网信息办公室等三部门发布《互联网信息服务深度合成管理规定》[1]，明确了相关部门的监督管理职责和深度合成服务的总体要求。新增“数字人物”，将其明确列入监管重点。

2023年7月，《人民日报》第5版刊文《推动虚拟人产业健康规范发展》[2]，文章指出：“作为一种面向未来的新技术，虚拟人产业的健康成长，有赖于技术创新和监管护航的双轮驱动”“作为企业重要的数字资产，生成速度快、生产成本低的虚拟人，不仅能助力企业降本增效、释放生产力，还能根据不同业务特点和应用场景，孵化千行千面的数字员工，从而为客户提供差异化、个性化的服务，提升市场竞争力。”

2023年7月，国家互联网信息办联合发改委、教育部、科技部、工信部、公安部、广电总局公布《生成式人工智能服务管理暂行办法》[3]，一是明确鼓励生成式人工智能技术在各行业、各领域的创新应用，生成积极健康、向上向善的优质内容，探索优化应用场景，构建应用生态体系。二是支持行业组织、企业、教育和科研机构、公共文化机构、有关专业机构等在生成式人工智能技术创新、数据资源建设、转化应用、风险防范等方面开展协作。三是鼓励生成式人工智能算法、框架、芯片及配套软件平台等基础技术的自主创新，平等互利开展国际交流与合作，参与生成式人工智能相关国际规则制定。四是提出推动生成式人工智能基础设施和公共训练数据资源平台建设。促进算力资源协同共享，提升算力资源利用效能。推动公共数据分类分级有序开放，扩展高质量的公共训练数据资源。鼓励采用安全可信的芯片、软件、工具、算力和数据资源。

1.2 行业痛点：真人直播、短视频精力有限，成本过高，难以保证稳定性

在短视频、直播等新媒体行业蓬勃发展的今天，大量企业、个体创业者、短视频博主在直播带货以及营销中面临团队运营成本和直播设备成本的居高不下，真人主播精力有限、工作时长受限等问题。政府、金融机构、企业内部培训等领域也面临诸多人力、服务分配不均等痛点。

此外，复杂的中控平台、硬件的操作及流程繁琐让企业难以上手。直播团队人员流动大、管理难、直播时长难保证，对企业主和品牌来说存在很大的不稳定性。

[1] 国家互联网信息办公室等：《互联网信息服务深度合成管理规定》，2022年11月25日。
[2] 人民日报：《推动虚拟人产业健康规范发展》，2023年7月3日。
[3] 国家互联网信息办公室等：《生成式人工智能服务管理暂行办法》，2023年7月10日。

1.3 行业现状：虚拟数字人行业应用火热，大模型扎堆亮相

近年来，一方面“元宇宙”的概念被提出并受到广泛关注，虚拟数字人被视为人类进入元宇宙的媒介，也备受资本追捧；另一方面，虚拟数字人相关技术包括 CG、语音识别、图像识别、动作捕捉等正逐渐发展成熟，应用于演唱会、代言、走秀、短视频的案例频频“出圈”。这些都为数字人的进一步发展提供了良好的基础。

近年来，随着人工智能技术的不断发展，越来越多的 AI 相关技术和产品涌现出来，其中最为重要的就是 AI 大模型。如今在国内关于大模型的热度持续增加，新玩家在接连入场，老玩家在重整行装。

据量子位智库发布的《虚拟数字人深度产业报告》[1] 预测，2030 年我国虚拟数字人整体市场规模将达到 2700 亿元。其中，身份型虚拟数字人（多用于社交、娱乐）将占据主导地位，约 1750 亿元，服务型虚拟数字人（以功能性为主，替代真人服务）总规模超过 950 亿元。

2. 创新描述

硅基智能成立于 2017 年，全球首创了 AIGC 数字人模式和数字人直播，计划到 2025 年为世界创造 1 亿元硅基劳动力。为全行业提供企业级 AIGC 数字人解决方案，把人从繁重的重复性劳动中解放出来，让人回归人的价值。

2.1 炎帝大模型：多模态行业脑

图 1　硅基智能炎帝大模型

硅基智能自主研发了行业大模型——炎帝大模型。炎帝大模型不同于传统的 ChatGPT 类通用大模型，它是一个多模态的行业脑，是硅基智能将私有域知识用 LLM

[1] 量子位：《虚拟数字人深度产业报告》，2021 年 12 月 15 日。

大模型技术训练而成，叠加硅基 AIGC 数字人技术，打造行业中的超级专家，也就是硅基劳动力。基于炎帝大模型，企业可以更好地完成短视频生成、直播生成、电影 / 电视剧生成甚至数字永生等方面的工作。

硅基智能通过炎帝行业大模型打造数字人 +AIGC 的创新应用生产场景，实现更接近于人类、个性化、善学习的数字人应用方案。

2.2 自主创新：人类与 AI 合著之书

硅基智能拥有近百项授权专利、9 项美国专利和上百项在申请专利，业务覆盖 10 多个行业的近万家企业，一直致力知识生产、传播智能化、服务智能化、生产要素虚拟化，以数字人应用赋能实体企业数字化升级发展。

在新一轮 AIGC 浪潮到来之际，硅基智能创始人司马华鹏带领公司团队完成由人类与 AI 共创的书籍《大模型时代：ChatGPT 拉开硅基文明序幕》，并正式出版面世。书籍围绕 AIGC 相关技术、商业应用、AGI 发展进行深度探讨，共享新知。

图 2 《大模型时代：ChatGPT 拉开硅基文明序幕》

3. 项目运作节奏

3.1 “算力财力电力”的循环

硅基智能刚成立时便提出了人工智能的“发展三部曲”。

第一阶段是双“P”战略，在 Project 中寻找 Product 的机会，即在项目里面寻找产品化的机会。

第二阶段是算力和财力双螺旋驱动的阶段，目前硅基智能也正处于这一阶段。当前商业场景需满足两个条件——对算力有要求，且能让算力需求走向正确的商业化，这背后是对综合性价比的考虑。例如我们所做的短视频、直播、电影、电视剧这一系列的生成都依靠算力，但在投入和产出的关系上需达到最佳，才能最终形成算力到财力的双轮循环。

第三阶段，当大家的财力和算力循环的能力在竞争中被慢慢拉平之后，电力会成为下一个阶段的竞争核心。

3.2 炎帝大模型加持硅基智能 AIGC 数字人

硅基智能目前处于拥有炎帝大模型和 GPT-4 模型的双引擎状态。炎帝大模型主要支持视频直播、电影、电视剧和数字永生的业务，其功能更多体现在视频的表达层上，和文本生成公司是天生的合作关系；GPT-4 大模型则可以帮助我们审稿、撰写稿件等，编剧则负责做分镜头，最终由数字人演员来将所有内容呈现。

图 3　硅基智能 AIGC 数字人

目前的主播、中控、投流等直播流程都是 AI 完成，真人主要参与供应链服务、选品等环节。人类掌握 1% 的灵感，99% 的汗水让机器来付出。在整个直播过程中，可能会用到 7～8 个大模型，分别负责投放广告、直播、与观众互动、审核内容和画面以及监控竞品直播间变化，这是一个群体智能。

3.3 降低成本，走向平权

如今新媒体产业的蓬勃发展正在消解原有媒介传播的话语体系——自媒体正在把话语权从意见领袖手中移交到广大普通受众手中。现在的各种社交媒体应用更是在助力创造个人拥有表达权的媒介环境，所以硅基智能也将致力于服务广大普通用户，让每个人都拥有自己的数字人，让大家都参与到新的流量红利中。

4. 市场应用及未来展望

4.1 市场应用

在炎帝大模型问世后，硅基智能已在原有的 AIGC 数字人产品上完成更新迭代，研发出支持电商直播的数字人，这些数字人可以根据脚本调整情绪，根据现场情况调整策略，目前已经达到了日常直播 5 万场的常态化状态。此外，硅基智能还推出了可以拍电影、电视剧的数字人，这是继 2018 年首创了 AIGC 数字人模式后的又一次产品技术的超越。

炎帝大模型在各行业中推出全链路应用场景，该模型能够为视频生成提供全新动力，实现短视频创作的全自动化，应用于知识电商、名医律师 IP、企业家 IP、达人经济等领域；同时，它还能为直播赋能，应用于跨境电商服务、本地生活服务、中小企业直播、乡村振兴等领域。通过提供一站式的人、货、场直播解决方案，包括数字人主播选取、话术风格等，打造拥有个性化特征的数字人直播间。该解决方案不仅提供主播库、音色库、直播背景、直播素材等基础能力，还支持智能话术的撰写和违禁词的检测。通过实时监控直播间数据，调整主播口播策略和商品话术配比，进而提升直播间的 GMV（Gross Merchandise Volume，即成交金额）。此外，炎帝大模型还可为电影和电视剧的制作赋能，将小说迅速转化为电影、短剧。

4.2 未来展望

围绕着商业化智能交互的逻辑，硅基智能展望大模型发展趋势：

第一，多模态。AI 是一个大脑，它必须是多模态的，并且有很多执行器。这个执行器可以是一个外卖或打车等功能结合的 API（Application Programming Interface）接口，能够触发一系列动作的执行。

第二，行业脑。ChatGPT 是公共脑，它现在无法担任银行的私人客户经理。如果我们能“克隆”出银行私人客户经理的数字分身，未来存 1000 元钱的人也能享受到和存 1000 万元的人一样的服务。

面向未来发展，硅基智能将致力于生产出更多的优质内容来满足群众日益增长的精神文化需求。

PKU Innovation Review

编委会点评

社会价值：

随着世界范围内科技的深入发展，以及人口红利的逐渐消失，劳动力不足已成为当下困扰全球的问题。因此，仅仅依托人力来满足数字经济的发展，在今天看来已经慢慢失去了可行性。近年来，从人工智能的崛起到如今的大模型蓬勃发展，无一不在宣示着传统重复性的人类劳动力已经越来越具有可替代性，AI 必将成为未来社会发展的核心驱动因素之一。因此，大力发展人工智能及其技术成为必经之路，人与人工智能共生发展模式将推动生产、生活变革。

创新价值：

硅基智能一直以来投身于开发创造硅基劳动力、钻研大模型技术等方面，为赋能企业的数字化转型做出了相当的贡献，是一家走在时代前沿的企业。一方面，在劳动力紧缺的今天，硅基劳动力的提出为解决这一难题提供了一个全新的思路和方向；另一方面，行业大模型的开发是解放生产力的关键性举措，这也是未来世界信息技术赛道竞争的核心所在。因此，捕捉信息技术的前沿方向，和不断紧跟全球脚步迎合时代浪潮是当下科技创新型企业所应该做的。